余映潮 王君 肖培东 等◎著

剑男◎主编

备课到底备什么

BEIKE
DAODI
BEISHENME

到底备什么

·语文名师备教手记·

长江出版传媒 长江文艺出版社

图书在版编目（ＣＩＰ）数据

　备课到底备什么：语文名师备教手记 / 剑男主编；
余映潮等著.-- 武汉：长江文艺出版社，2018.4（2021.11 重印）
　ISBN 978-7-5702-0342-0

　Ⅰ．①备… Ⅱ．①剑… ②余… Ⅲ．①中学语文课－
备课－教学研究 Ⅳ．①G633.302

　中国版本图书馆 CIP 数据核字(2018)第 059625 号

责任编辑：秦文苑　　马　蓓　　　　　责任校对：毛　娟

装帧设计：天行云翼　　　　　　　　　责任印制：邱　莉　　王光兴

出版：　长江出版传媒　　　长江文艺出版社

地址：武汉市雄楚大街 268 号　　　　邮编：430070

发行：长江文艺出版社

电话：027—87679360

http://www.cjlap.com

印刷：武汉市首壹印务有限公司

开本：720 毫米×980 毫米　　　1/16　　印张：17　　插页：1 页

版次：2018 年 4 月第 1 版　　　　2021 年 11 月第 5 次印刷

字数：186 千字

定价：39.80 元

序

　　语文是在 1905 年废除科举制度后才出现的，最初叫"国文"，内容全部为文言文。由于"五四"运动后白话文的兴起，中学仍然称为"国文"，小学以白话文为主，则称为"国语"。"语文"这个称呼是 1949 年新中国成立后统一的。按照叶圣陶先生的说法，口头为语，书面为文，所以将"国文""国语"统一起来叫"语文"。

　　在语文到底是什么这个问题上，一直有着"语言与文字""语言与文化""语言与文学"等的争论。语文首先包含语言，这是一个毋庸置疑的事实，但这个文到底是指文字、文化还是文学呢？则众说纷纭。实际上，它们并不难辨析。在这三个概念中，文字是人类用来记录语言的符号系统；文化是指人类活动的模式以及给予这些模式重要性的符号化结构，包括文字、音乐、文学、绘画、雕塑、戏剧、电影等；文学是指以语言文字为工具形象化地反映客观现实的艺术，包括戏剧、诗歌、小说、散文等，是文化的一种重要表现形式。文化对文字、文学有包容关系。显然，把"文"定位于这三个概念中的任何一个都是不全面的。

　　这里主要是概念的内涵和外延问题。逻辑学认为，词项的内涵是它的含义即概念，是事物的特有属性的反映，词项的外延是词项所指事物所组成的那个类。语文的"文"要在一个统一概念下既能反映它特有的属性，又能涵盖它组成的所有的类，这个概念只能是"文字作品"，即一切以文字形式留存下来的东西。亦即语文是指语言与文字作品。它既能包含文字、文化、文学，又能将音乐、绘画、雕塑等非文字的艺术形式剔除在外。

这个解释当最符合语文口头为语书面为文的原意。

有口头的说，就有听，有书面的写，就有读。这样就生出语文的听、说、读、写四种能力。语文要培养学生这四种能力大致是不错的。但根据不同年龄阶段的需要，在具体的语文教学中，其侧重点则是应该有所区别的。在小学阶段，应该侧重听和说的能力的培养，并辅以简单的读写训练，在中学阶段，则应以读写为主，兼顾一定的听说能力培养。我这样说并不是说听和说的能力不重要，而是因为听和说的能力是可以通过生活中的语言习得不断获得提高的。一个从没有上过学的人也可以把话说得很精彩，把人家的话听得很真切。——这个跟个人的生理特性、成长环境及对事物的感受能力等都有着密切的关系，不完全是我们的语文教育可以教出来的。所以，我觉得到了中学阶段，应该以读写为主。因为从某种意义上讲，阅读就是一种倾听，写作就是一种言说。

中学语文教学以阅读和写作为主，这二者的比重如何权衡呢？目前并没有一种观点告诉我们它们哪个更为重要，——尽管在实际教学中阅读教学的比重远远大于写作教学。其实就语文教学而言，阅读和写作是一种辩证关系。如果我们按照现代语言学理论，把语言作为一个规范系统，对语言的运用称为言语，我们会发现，任何个体学习语言的过程都是言语——语言——言语的过程，即通过听取或阅读他人的言语作品逐步掌握语言的特征与规律，然后又根据语言的特征与规律去进行说或者写的活动以创造出新的言语作品的过程。同时，通过自己的言语创作，又可以让我们更加熟悉语言的规律和特征，进而促进我们对他人言语作品的理解。这二者是相互作用、相互促进的。

如何正确处理这二者的关系，使中学语文教学获得最大的效益，主要取决于语文的教。

传统的语文教学认为应该教字词句篇语修逻文和段落大意、主题思想、写作特点等，笼统来说，这是不错的。即使有人在教什么上对"语文课程内容""语文教材内容""语文教学内容"进行了细致的区分，但也无非是说教材内容不等于教学内容。语文课程内容、语文教学内容是就整体的语文教学而言的，是宏观层面的东西，我们可以根据语文课程标准和考试大纲进行解读，所以说传统语文教学内容笼统来说是不错的，因为我们首先要面对的就是语文教材，具体的篇目。为什么又只是笼统来说不错呢？这也和它的内容相关，一是传统语文教学内容看似很全面，却过多分析段落大意、主题思想，破坏了文本的整体性，二是它忽略了一个非常重要的东西，即作者是怎样用语言来传达这一切的。亦即传统语文教学更多关注的是写什么，对怎么写缺乏必要的重视。

写什么是内容的问题，怎么写是形式的问题，统一在文本中是一个有机的整体，对于教学而言，这二者不存在孰轻孰重，更不应该有所偏废。也就是说面对一篇课文，我们既要教它所表达的内容，也要教它的表达形式，不能剥离形式来讲内容。

　　我们谈论内容与形式的时候往往是将它们从作品中抽离出来的，是在一个理论层面谈它们之间的辩证关系。这个关系的辩证性在创作上是正确的，所谓"皮之不存，毛将焉附"。但对一个已经完成而且成熟的文本来说，这二者的关系实际上是有变化的，它们不再是谁决定谁的关系，而是一种相互依存的关系，是不能割裂开来的。绝大多数的语文篇目内容并不难以理解，有时候我们更加喜欢某一个文本，其实我们更多的是喜欢它的言说方式。比如海明威的小说《老人与海》，故事情节很简单，写的就是一个老渔夫坚持不懈的出海捕捉大马林鱼，在制服大马林鱼后的返航途中遭遇鲨鱼并与鲨鱼进行惊险搏斗的故事。这个小说为什么受到我们的喜爱，原因就在于作者迷人的叙述方式，是他的叙述让我们感到大马林鱼就像人生的理想和人类作为生命本身所不可避免的欲望，鲨鱼就像无法摆脱的悲剧命运，大海就像变化无常的人类社会，而老人就代表了人类一种不可征服的精神力量。

　　中国教育有个传统，叫文史不分家，后来又加上了一个哲学，文史哲不分家。文学和哲学有共通之处，它们都是要反映人与自我、人与他人以及人与这个世界千丝万缕的联系，只不过一个是感性的，形而下的，一个是理性的，形而上的。历史是对过去事实的记载，不外乎个人生死、国家兴衰存亡的经验和教训。进入中学语文教材的篇目，无论是文学作品，历史著作还是哲学随笔，内容应该说都不是十分艰涩难懂，其它诸如科普说明文以及新闻通讯报道等亦是如此。而就大的层面来说，许多世纪以来，人类获得了一种共同的道德和情感体验，经历了相同的欢乐和痛苦，面对同样的人生难题，提出了同样的人生问题，只不过他们赋予这些经验的形式不同罢了。对于语文的教，从语文的本体出发，就应该重点关注作者是如何表达他的这种经验的。

其实，关注作者怎么说，绝不是一个单纯的形式问题。词语表达意义，语言传达思想，说本身就渗透着作者的思想态度、情感倾向，教师在讲述作者怎么说的同时必然也传达着文本中的各种信息。我们大可不必僵硬地抱住内容决定形式这个教条不放。这也是我们很多优秀的中学语文老师为什么不把《荆轲刺秦王》讲成历史课、《看云识天气》讲成地理课、《人是一根思想的苇草》讲成哲学课的原因。

本书脱胎于《语文教学与研究》杂志所开设的"名师手记"栏目，作为这本杂志的主编，我在全国首开先河设置这个栏目的目的，并不是要给我们的语文教学提供某种模式，而是希望通过展示这些语文名师备教一篇课文的过程，给更多年轻的语文教师提供一种经验、一种思路、一种参考、一种借鉴。我之所以不对本书中内容进行评析，而代以上面一些关于语文及语文教学的思考，是因为这些名师的每一篇手记都是对我们语文教学、特别是课文备教的一种深入的探讨，我不希望我的评析影响大家的阅读。所谓"教无定法"，"功夫在诗外"，无论是宏观的语文教学，还是具体到每一篇课文的备教，语文都是有着它的基本规律和基本事实的，但愿每一位读到这本书的读者都能从中有所收获并获得启迪。

剑　男

2018 年春于武汉

目　录

《孤独之旅》备课与教学笔记

◎余映潮

2012 年 8 月 18 至 20 日，第六届"人教杯"语文教师与作家同行——文学作品解读与教学观摩研讨会在江西九江召开；地点在九江市的星子县。

此次会议由人民教育出版社主办。会议邀请了包括舒婷、曹文轩、梁衡、赵丽宏、王充闾、刘慈欣、杜卫东等在内的十多位全国知名作家参会。他们的作品都曾入选过人教版中学语文教科书或配套读物，有些已经成为语文教材中的经典。来自全国各地的近 500 名一线语文教师和语文教研员参加了会议。

2012 年 6 月份，人教社中语室主任王本华老师打电话来，请我在此次活动中讲授著名作家曹文轩的《孤独之旅》。

这是从曹文轩的小说《草房子》中节选的课文，篇幅很长，约 4000 字。

暑假中，在一个陌生的小县，面对来自全国各地的语文同仁，代表人教社，甚至代表中学语文界，讲一位特别有名的作家的作品，作家本人就在近在咫尺的地方听课，然后他还要评课；讲课时还要面对许多到会作家的睽睽众目，特别是还有梁衡先生、舒婷女士、赵丽宏先生在场，还有华东师范大学教授、博士生导师巢宗祺先生到会；且我又将是第一个登台讲课——这个压力，不知道有多大了。

我开始研读课文，开始收集资料，开始了我的极为精细、深入的备课历程。

我阅读了曹文轩的大量作品：《草房子》《小说门》《青铜葵花》《根鸟》《红瓦》《天瓢》等。

我阅读了关于欣赏曹文轩作品的大量学术文献：《曹文轩儿童小说风景描写研究》《曹文轩纯美小说的语言艺术》《论风景描写在曹文轩儿童小说中的作用》《曹文轩成长小说乡土抒情的美学风格》《论曹文轩成长小说中的流浪情结》《论曹文轩小说中的自然主题》《浅论曹文轩小说的画面描写艺术》……

我做了很多读书笔记。如曹文轩的经典语录：

> 写作是一件无比幸福的事。
>
> 思想的力量是巨大的，但美的力量更巨大。
>
> 未经凝视的世界是毫无意义的。
>
> 离开风景，一个人的行为是不可能得到圆满的解释的。要告诉孩子，风景描写是写作的基本训练。
>
> 书呈现了不同时空里的不同经验。你只需坐在家中，或案前，或榻上，或瓜棚豆架之下，便可走出你可怜的生活圈域，而走入一个无边的世界。
>
> 任何时候，任何地方，只要不将书丢掉，就一切都不会丢掉。

每一个时代的人，都有每一个时代的人的痛苦，痛苦绝不是今天的少年才有的。少年时，就有一种对痛苦的风度，长大时才可能成为强者。

面对苦难，我们应抱有感恩之心。

所有的人来到这个世界上都要经受苦难的磨炼。

由于我们忽视了苦难的必然性，忽视了苦难对于我们生命的价值，忽视了我们在面对苦难时候的风度，忽视了我们对苦难的哲理性的理解，因此当苦难来临的时候，我们只能毫无风度地叫苦连天。

美的力量不亚于思想。

我所讲的苦难教育也好，审美教育也好，情感教育也好，就是让他们慢慢通过看文学作品，来得到一点熏染，使我们这些理念多少得到一点落实。

真正的男子汉是非常有情感的。

如关于曹文轩小说中"风景描写"的论述：

水意象：曹文轩小说中的"水"的性格是比较安静的。这个平原水乡的背景似乎给作品定下了一个基调：优美而非壮美。

阳光意象：在作者笔下阳光意象也多次出现在文中主要起到一种调节和控制作用。没有光，就没有颜色的变化。总之，阳光的在场，定下了作品的色彩：明亮而纯净。

花草树木意象：一幅优美秀丽的风景画缺少不了花草树木的点缀，而如此的花草树木仿佛是风景的"精神"，它们是生长着、变化着、更新着的生命。当读者触目皆是滔滔流动的河水，纯净幽雅的阳光，葱茏鲜活的花草树木，感受主要是对自然的礼赞、感动。

水、阳光、花草树木这三类意象的描写，为作品形成优美、明净、清丽的意境奠定了基调，但通读曹文轩先生的作品就会发现作品的字里行间处有时会渗透一种忧伤。感觉是沉重的。

如有关文献中对曹文轩作品的评价：

作者塑造了许多面对人生挫折、困厄而不低头的人物形象。写了困境中奋斗的精神，写了在患难中不断提升不断超越的心灵境界。

曹文轩先生曾经说过："我甚至想把苦难和痛苦看成是美丽的东西。正是它们的存在，才锻炼和强化了人的生命。正是它们的存在，才使人领略到了生活的情趣和一种彻头彻尾的幸福感。"

他的众多文本中虽然有苦难有悲剧感，但悲悯与忧郁、忧伤是有节制的。

理性与积极的人生态度才是小说真正感动人的精神力量。这种情调感染到环境描写的效果，那就是读者在分享人物艰难奋斗之后的喜悦时，更深层次地读懂了文字中的风景，从而超越平淡的、一般意义上的欣赏。同时，小说中的人物在经历磨难后，发现世界更美丽了。

《草房子》中蒋一轮和恋人错过了，在现实的无奈中，只好坐在田埂上吹吹笛子；人物是无奈的，作者却写了田野里的大好春光："满地的紫云英蓬蓬勃勃地生长，在大地上堆起厚厚的绿色"，"一串串淡紫色的小花，正向四下里散发着甜丝丝的气味"，这使读者明显感受到了风景对于人的抚慰意义。

　　曹文轩先生的小说创造了自然风景与人的感情、心灵和谐共生的意境，这是作者在创作情感上倾向于古典美学精神的表现，是曹文轩先生小说风景描写给人留下的深刻印象，具有独特的美学价值。

　　……

　　我编写了课文的"细读指南"：

　　《孤独之旅》：文学的美感，内容的美感，章法的美感，手法的美感。

　　从小说技法的审美来看，有如下方面的表达技法需要欣赏。

　　第一类：背景设置（环境描写）、场景安排（环境描写）、视角运用、情节设置。

　　第二类：悬念、伏笔、照应、线索。

　　第三类：文中波澜、情景渲染、衬托或映衬、穿插手法、情节节奏、内容详略。

　　第四类：象征——"鸭"的描写的线索作用与象征意义。

　　第五类：诗意小段的叙述方式、画面描绘的精彩笔墨。

　　第六类：提炼作品中写"孤独"的技法。

　　细读并笔记的主要内容有：

　　语言卡片：字形，字音，雅词，精美的叠词句，准确运用动词的句子，自然环境描写句。

　　句段品味：10 处。

　　课文赏析：短文一篇。

　　景物描写的作用专题欣赏：短文一篇课文中"鸭"的描写课文辑录一则。

　　很有意思的是课文中"鸭"的描写：

鸭群在船前形成一个倒置的扇面形,奋力向前推进,同时,造成了一个扇面形水流。每只鸭子本身,又有着自己用身体分开的小扇面形水流。它们在大扇面形水流之中,织成了似乎很有规律性的花纹。无论是小扇面形水流,还是大扇面形水流,都很急促有力。船首是一片均匀的、永恒的水声。

(这里写的是:离开了家乡,出发了。)

鸭们不管。它们只要有水就行。水就是它们永远的故乡。它们开始觅食。觅食之后,忽然有了兴致,就朝着这片天空叫上几声。没有其他声音,天地又如此空旷,因此,这叫声既显得寂寞,又使人感到振奋。

(这里写的是:远行,到了辽阔而陌生的地方,点示故事的场景。)

鸭们十分乖巧。也正是在夜幕下的大水上,它们才忽然觉得自己已成了无家的漂游者了。它们将主人的船团团围住,唯恐自己与这只唯一的使它们感到还有依托的小船分开。它们把嘴插在翅膀里,一副睡觉绝不让主人操心的样子。有时,它们会将头从翅膀里拔出,看一眼船上的主人。知道一老一小都还在船上,才又将头重新插回翅膀里。

(这里写的是:流浪的感觉,显现"孤独"。)

鸭子在这里长得飞快。很快就有了成年鸭子的样子。当它们全部浮在水面上时,居然已经是一大片了。

(这里写的是:时间在流逝,随遇而安。)

那十几只受了惊的鸭,居然寸步不离地挨着主人蹲了下来。

(这里写的是:经受磨难之后的宁静。)

鸭们也长大了,长成了真正的鸭。它们的羽毛开始变得鲜亮,并且变得稠密，一滴水也不能泼进了。公鸭们变得更加漂亮，深浅不一样的蓝羽、紫羽，在阳光下犹如软缎一样闪闪发光。

（这里写的是：鸭们，杜小康，长大了，成熟了。"鸭"的线索，贯串全文。）

我写下了我的"备课日记"：

从 8 月 7 日起，我就真正进入了备课阶段。

8 月 7 日：下载资料，在网上看电影《红房子》。写出给人教社的教学简案。

8 月 8 日：研读教材，听我自己原来的评课录音，寻求关于本课教学创意的思想火花。并写下了"教学创意"：

课型：小说阅读课

课时：一节

教学创意：文意把握，片段细读

创意说明：本课为长篇小说的节选，近 4000 字的篇幅，如果单单朗读一遍，也大约需要 18 分钟，难以在一个课时里进行有效的教学，所以运用"长文短教"的教材处理技法，在大体理解文意的基础上，进行片段细读，深入课文，品析人物，赏析语言文字表达的妙处。并在这样的教学过程中，形成比较雅致的以学生为主的课堂研读活动。

8 月 9 日：下载大量与作者与课文有关的论文资料，阅读论文资料，做阅读笔记。

结合本课教学而言，曹文轩的两句话最重要：

面对苦难，我们应抱有感恩之心。

我所讲的苦难教育也好，审美教育也好，情感教育也好，就是让他们慢慢通过看文学作品，来得到一点熏染，使我们的这种理念多少得到一点落实。

这两句话给我以启示：这个课的教学创意一定要以简驭繁，设计活动，直击根本。

在文献资料阅读的收获方面，有一句话非常重要：

更深层次地读懂文字中的风景，从而超越平淡的、一般意义上的欣赏。

这句话启示了我的课堂教学重点的切入口。

我想，《孤独之旅》的教学创意还可以是：

引导学生感受苦难
（穿插曹文轩的语录）
引导学生感受美的力量
（穿插曹文轩的语录）

8月10日，第一件事：

凌晨两点左右突然醒来，继续着梦中的思考：这个课，铺垫与交代要到位，要多用几张PPT进行背景解说，包括杜小康当时是多大年龄的孩子都要说清楚。

第一个环节即"文意把握"的教学很难设计，可以有如下方法：

（1）一句话概说课文：《孤独之旅》写了这样一个故事

（2）一句话概说人物：杜小康是这样一个孩子

（3）一句话阐释标题：利用课文内容阐释"孤独之旅"的含义

（4）一句话品析课文：我看《孤独之旅》对"孤独"的描写

以上 4 种方法中，适合于在九江市的一个镇上运用的，可能是一、二两种。可能是第一种方法为最好。

第二个环节即"选点精读"的教学，也有几种视点很集中的教法：

（1）切入到描写"暴风雨"的部分，进行文学欣赏。

（2）切入到"课文中的景物描写欣赏"这个点，进行文学欣赏。

（3）切入到几个"微型话题"之中，进行文学欣赏。

以上三种方法之中，从教材处理深入、到位的角度来看，可能还是第一种最为稳妥。它可以组织起角度丰富的学生训练活动。

8 月 10 日，第二件事：浏览曹文轩的《小说门》。

这真是一本好书。

做了不少的摘记。

8 月 10 日，第三件事：下载了曹文轩的一些经典语录。

8 月 11 日：

早起继续完成《孤独之旅》教学用的 PPT。

清晨 7 点基本上完成。

全课分为两个教学步骤：文意把握，专题赏析。

专题赏析的内容是：《孤独之旅》中"风景描写"的作用。

这是我第一次设计初中的"专题"欣赏课。

8月12日：

人教社胡晓老师来短信说，学生只能是七年级将要升到八年级的学生，而不是按教材要求让新的九年级的学生来上课。

说九江的教研员在外地，目前无法解决"新的九年级学生"这个问题。

于是我开始考虑在新八年级方便易行而又能够表现出深度的教学方案。

8月15日继续钻研《孤独之旅》，修改教学设计及PPT。

8月16日：

准备好了第二套方案，这是为新八上的学生准备的方案。

环节一：文意把握，话题：说说"孤独之旅"是一个什么样的故事。

环节二：片段赏析，重点欣赏课文高潮部分"景物描写"的表达作用。话题：赏析景物描写片段，分析它好在哪里，有什么样的表达作用。

接着，又准备了第三套方案：概括情节训练；评说人物训练；品词论句训练。可以说，此时的教学设计，已经非常稳妥，无论是哪个年级的学生上课，都已经是万无一失的了。

2012年8月18日，人民教育出版社"第六届'人教杯'语文教师与作家同行——文学作品解读与教学观摩研讨会"在九江市星子县龙湾温泉宾馆锦绣厅进行。

上午8点半，开幕式。

到会的作家有：梁衡、曹文轩、舒婷、赵丽宏、王宏甲、叶廷芳等，还有巢宗祺先生，还有人教社的罗社长、王本华等。

上午的活动是两个讲座。巢宗祺《新课标的修订与解读》，曹文轩《文学意义的阐释》。中午 1：35，星子县的 30 位学生到达会场，就座，静静读书；我静立一旁，对学生不鼓励、不交代、不要求。两点过 5 分，我的《孤独之旅》开讲。曹文轩坐在第一排首席的位子上听课，坐他旁边的是人教社王本华。课的推进顺利。

第一个教学活动将学生深深地引入了课文：根据课文内容说说"孤独之旅"中"旅"字的含义。

第二个教学活动继续深入：概说"孤独之旅"写了一个什么样的故事。

第三个教学活动进一步深化与美化：课文写景状物精彩片段赏析。

精读的就是下面的片段，它至少有 8 个方面的美点：

那天，是他们离家以来所遇到的一个最恶劣的天气。一早上，天就阴沉下来。天黑，河水也黑，芦苇成了一片黑海。杜小康甚至觉得风也是黑的。临近中午时，雷声已如万辆战车从天边滚动过来，过不一会，暴风雨就歇斯底里地开始了，顿时，天昏地暗，仿佛世纪已到了末日。四下里，一片呼呼的风声和千万枝芦苇被风撅断的咔嚓声。

每个活动都有小结，都有学生的课堂阅读笔记。

课中三次穿插曹文轩语录，形成美妙的节奏。

这个课大约上了 52 分钟。

然后王君教学梁衡先生的《夏感》，梁衡先生坐在我旁边，专心听课。王君的课上完之后，我说课，曹文轩评课。

曹文轩的评课非常精彩，对《孤独之旅》的教学大加赞赏，说非常同意我的教学处理，颇带感慨地说我对他有透彻的了解。会议进行到了下午 6 点。

下午的活动，因为我的《孤独之旅》的教学与曹文轩对教学的评点而让所有的参会者激动。

大家说，这种精彩的"华山论剑"几十年才遇到一次。

这是人教社 60 年来第一次举办的语文教师作家同行的活动。

这一天，我讲了《孤独之旅》，它是我的第 164 个新课。

一个在压力极大的场面下首讲的一个新课。早上 6 点起床，中午没有休息，晚上接待、说话，接着去温泉，直到晚上 11 点回来。这一天，18 个小时没有休息。

王君的课讲完，是我的说课。我在说到下面内容时，曹文轩点头赞许：

《孤独之旅》长文短教的第二个突破点，应该定位在小说的高潮部分。这一部分又和第一个突破点中的鸭群是有着密切关联的。这样的选点不突兀，是一种有层次，有节奏的推进。老师可以这样引入：让我们在对鸭群描写的基础上来欣赏课文的一个重要片段吧：暴风雨之夜。

这一段里的每一句话都有表现力。"一大早上，天就阴沉下来。天黑了，河水也黑了，芦苇成了一片黑海。杜小康觉得风也是黑的。"这个地方一朗读，感觉就出来了。反复强调"黑"，为什么？是暴风雨来临之前的渲染，是为后面人物的困难和成长作铺垫。

《孤独之旅》小说高潮部分的每一个细节都好看，老师随便抓一抓，都能找到与主题相符的素材，能表现人物成长的素材。比如杜小康的哭，就是耐人寻味的。杜小康醒来的时候"他哭了起来，但并不是悲哀。他说不明白自己为什么想哭"。接下来想哭了又没有哭这个细节也值得品味："望着异乡的天空，心中不免又想起母亲，想起许多油麻地的孩子。但他没有哭，他觉得自己突然地长大了，坚强了。"

"鸭们也长大了，长成了真正的鸭。"一个"也"字，能不能品出含义？也是可以的。

……

我的说课完毕，曹文轩走上讲台，评点我的《孤独之旅》的教学。

他评课时比较激动，大约激情地讲了 20 分钟。从评课讲到了教学，讲到了文学，我的录音笔开着，录下了他的讲话。下面是其中的一部分：

我刚才跟余老师握了一下手，因为我特别感激他对《孤独之旅》的解读。他刚才在解读过程中，我一边听，一边暗暗得意我居然写了这么好的一个东西。早一天看到他讲，我就早一天高看我一眼，可惜有一点迟了。

我特别佩服他掌握场面的能力，因为大家都知道那些学生并不是他的学生，是临时抽来的学生；萍水相逢，之前也没有任何的交流，也没有什么照应，他很快就把那些孩子完全控制在他手里。他让我想到了一个指挥一个乐队，这个乐队从来没有和他配合过，他就凭他的多年的教学经验，很快就把这个乐队变成他自己的乐队。整个从头到尾，我认为演奏得非常好。虽然他手里并没有拿指挥棒，但是我们仍然可以看到黑管、长笛、钢琴应拍开始，让我领略到了中小学语文教师之美。这是我的第二个感受。

另外，感谢余老师在讲这篇课文的时候，对这篇课文周边资料的掌握。他知道的东西太多太多了，为什么他能够把后面的课文讲得那么透彻，那么准确，他一定在之前广泛地了解了我的作品，同时了解了我的文学思想。这一点是非常非常清楚的。另外，我刚才跟余老师说，你作为一个语文老师在台上表现出来的那种风范，儒雅、淡定，那种不慌不忙的、非常好的节奏的把握，所有的这一切都让我非常赞赏。我想，如果孩子们能有这样的一个语文老师，真是他们一生的幸福。

我很少用这样的赞美字词去评价讲公开课的老师。因为我一年要听十堂到二十堂的语文公开课，由于我常常去学校，学校就安排一个节目——让他们的语文老师讲课。

那么，他教学的方法，我感兴趣的，是他的细读，我特别喜欢听那种咬文嚼字的语文课。因为，在我看来，每一个字、每一个词，我们语文老师都应该知道。一个字，一个词，绝对不是无缘无故的，每一个字，每一个词，实际上都代表着一种存在状态。你总要去仔细地琢磨那个词，你才能发现那个词后面藏着的意义是无穷无尽的。所以，他一开始就带领学生去解读那个"旅"字，理解这个"旅"字本身在整个作品中的意思，理解这个字后面的东西。大家知道捷克斯洛伐克有个后来流亡到法国的作家米兰·昆德拉。米兰·昆德拉的写作是非常简单的。其实他每一部小说不用费太多的心思，只是去琢磨一个词，或者是两个词。比如说《生命中不能承受之轻》，整部小说其实就写的那个字"轻"。《不朽》整个小说就是写的那个词"不朽"。注意我们在听语文课时，一定要注意到的是对字词特别生动的解读，因为每一个字每一个词，当它存在在这个世界上的时候，绝对不是无缘无故的。那是人类认识到一个状态之后，才出来的一个字，才能出来的那个词。语文课上那样一种咬文嚼字的讲法，其实我非常地欣赏。

……

（余映潮　特级教师）

贾平凹《风雨》备教笔记

◎王　君

2015 年 8 月，安徽省淮南市凤台四中邀请语文湿地前往开展语文教学研讨活动。最后确定会议主题为"全国名师王君青春语文课堂教学研讨会"，采取同课异构和专业成长主题报告的方式进行。时间定在 2015 年 11 月 28 号。这次活动，初定同课异构四节课。凤台四中老师一节，语文湿地名师一节，我一节。上什么呢？姐妹们让我定。

我有很多备得很成熟的，已经上响了的公开课。随便拿一节现存的来上，都省时省力且效果有保障。但如果这样，就没有新的挑战了。对于听过这个课的老师，吸引力会打折扣。其他三位同课异构的老师，也会因此而压力巨大。上旧课，不公平，也不厚道。

我决定上新课。我请其他几位姐妹来定课题。陕西才女何定琴老师最后定的是贾平凹的《风雨》。人教版七年级上的新入选课文。

已经接近 10 年的时间没有用人教版了。我没有接触过这个课文。匆匆上网一搜，看了一遍，便拍手叫好。这是一篇典型的用侧面描写的方法描写风雨的写景散文，文字精短，千字以内，用笔很老到。初一学生阅读和仿写，都非常合适。我欣赏感恩着定琴妹妹的选择。

课题定下来了，我心中也装着"风雨"这回事了，但其实不到最后关头，似乎永远不能真正坐下来备课。生活像一个停不下来的大辘轳，我们所有人都被迫跟着这个辘轳转。各种琐事铺天盖地，没有谁，能够轻易抵挡得住。我也一样。老想静下心来备课，但总有更紧急更重要的事情中途来袭。事实上，一直到最后两天，才咬紧牙关，狠狠心抵挡住一切杂务，把整个儿心投入到了"风雨"中。

上课，我是久经沙场了。我知道，你不全情投入拥抱文本，文本，也不可能向你张开怀抱。上帝是公平的，你奉献多少，她就回馈你多少。

没有精深地独立阅读文本这个过程，教学设计不可能自然而然产生。

对教学设计，现在语文教坛上，有两种我不太认同的倾向，我称它们为"万能教学法"。一种表面呈现为"随便聊一聊"的茶馆式教学——无设计。另外就是这两年挺流行的各种"高效课堂"模式——死设计。为啥反对，在其他文章中再表。

总之，课堂犹如战场，是来不得虚假浮泛的。要上好一堂课，只能好好研读教材，精心设计教学程序，此外，任何急功近利好高骛远的路子都会导致课堂教学的破产。

当我从各种杂事中抽身出来开始静心研读教材后，美妙的感觉就一直萦绕着我。我们的日常生活真是太匆忙了，为一件美好的事虔诚地停下来本身就是对自己的奖励。纷纷扰扰的红尘之中，能够为一个目标独立静坐凝神静气一段时间，身心都会觉得舒畅。

备课，读教材永远是第一步。老老实实地读，扎扎实实地读。素读。不要看任何参考资料，不要有任何外援，只用自己的眼睛去读，用自己的头脑去思考去判断。这些日子重读《小王子》，对狐狸的"驯服"理念越来越感兴趣。狐狸说:"只有被人们驯服了的事物,才能为人们所认识。"狐狸说,"人们再也没有时间去认识别的事物了。他们总是到商人那里去买现成的东西。但是,由于世界上还没有出售朋友的商店,所以人也就没有朋友。要是你想交一个朋友的话,你就驯养我吧!"

其实,阅读文本也是一样,只有当一个文本被你驯服了,完全成为你自己的文本之后,你才可能有巧思,有妙想,优质的课堂设计才可能诞生。不读文本先看资料,不读文本先上网搜各种教学设计的法子很省力,但也因此几乎堵塞了属于自己的创意的诞生之路。世之奇伟瑰怪非常之观,一定在险远。平处坦处没有风景。

读文本,要以"板凳一坐十年冷,面壁十年图破壁"的精神来读。要以视文本为初恋,甚至一见钟情的情怀来读。这样的读,带着欣赏、带着爱、带着必然有所收获的信念——是,文本天然有优有劣,更没有十全十美的文本。"没有不好的'文本',只有不会设计的老师"这话有些意思。文本就只是老师烹小鲜的食材,遇到高明的教师——什么食材都能做出好菜来。

教师这个工作,实在太富有创造性了!

《风雨》很短,900多字。我逐字逐句地读,先用思维导图把文本的思路画出来,散文基本内容的构成心中就有底了。然后圈点勾画,细细写出自己在阅读过程中的各种感受。在我的眼里,每一个标点,每一个虚词都是有表情的,都是可能有奥妙的。当我渐渐成为一个专业的教师后,我曾在《病》一文中描绘自己的阅读心情:

　　我只能说自己多少有点儿精神强迫症——就如那些有洁癖的人。对文本中的一字一词一标一点,我总觉得自己对它们负有天大的责任。如果不努力开解它们的奥妙,不点破它们的玄机,我就辜负了良辰美景，就空耗了华年青春。

和文本较劲，和课堂设计较劲，我是常败将军。但屡败屡战，屡战屡败。并不完全乐在其中，许多时候是深陷其苦而不能自拔罢了……

是，读文本，是痛在其中，也乐在其中，此中滋味，如果没有在文本中深深浸淫过，是不容易理解的。

在阅读的过程中，我深深为贾平凹的笔法感动。900多字写风雨，不着"风雨"一字而尽得风流。其选材之家常、观察之精准、表达之精彩，实在让人喜欢。一流的作家，天地都在他心中，世间万物均有情。就连一张废纸，在优秀作家的笔下也神采焕然，传递着无穷无尽的意蕴。

十几遍读下来，文本上密密麻麻，全是我的批注了。如果让我来解读教材，我可以滔滔不绝对空说两小时了。这个步骤，算是暂时告一段落。

素读之后，接着就是"联读"。不是看别人的教学设计，而是看别人对于贾平凹的研究。语文教师在面对任何一篇经典文本的时候，其视野起码应该是这个文本本身的5到10倍，有了这个视野，文本冰山下的百分之八十就暴露在了你的面前，这对于选择最合宜的教学内容以及在教学过程中点拨学生，都会起到至关重要的作用。

视野决定宽度和高度，一定是这样的。

因为看我忙，定琴妹妹就主动把她搜集到的关于贾平凹和《风雨》的若干资料打包发我了。我是多么感动啊！这就是姐妹，同课异构其实是同场竞技，只有真正的姐妹，才会有这样无私的温暖分享。在若干资料中，还有定琴自己对《风雨》的一篇解读文章。这是我读过的。定琴小女子大笔如椽。这个妹妹，乃是民间的高手。她没有我的影响力，也没有我的平台，但其情怀和思想，样样超过我。这些年行走语文江湖，见识了太多这样的民间高手。我便一边崇拜着他们，一边感叹着上天把若干机会赐予了我这样的资质平平的小女子。我当更加努力才不辜负上天的厚爱啊！

素读和联读都告一个段落后，我开始着力思考如果面对初一的学生，我该如何给这个文本确定文本特质。

按照我的文本特质思想，在一线课堂，文本基本可以分为主题型文本，语用型文本，诵读型文本，写作型文本，思辨型文本，拓展型文本。我首先排除了主题型文本。《风雨》写的就是自然界的风雨，当然文中肯定有对人生风雨的影射，但这个层面，可讲可不讲，即使要讲，也最好讲得简略，讲得精到，不用纠缠。一是七上学生年龄限制，二是这个文本语言直抵"风雨"，其描写手段高超，炼字炼句功力很深，就是这个层面，学生也学之不尽用之不竭。一堂课，附着不要太多，负担不要太重。这两年，重新思考"真语文"，特别是近段时间在钻研"在语用背景下重新建构新的课程体系"，感触更深。我自己以前的教学，华丽好看，煽情太多，需要节制，需要开发出更有益于学生长远发展的语用内容。扎扎实实地教语文课，扎扎实实地训练学生的阅读能力、写作能力、说话能力，才是语文教学的当务之急。思想内容方面的东西，点到为止即可，确确实实不是语文课的主务。黄厚江老师说我们不能荒了自己的地，种了别人的田。此言诚哉！

工具性和人文性，其实不必争。皮之不存，毛将焉附？二者都很重要。但皮毛和谐的前提是，我们奉献给了学生有价值的语文学科本体知识。

在思考的过程中，我确定，《风雨》这个文本的教学，因为是抒情散文文本的缘故，必然要重诵读。诵读型文本可能不是主打型文本特质，但一定是附加特质。不诵读，不教抒情散文。

但《风雨》到底是处理成语用型文本好呢，还是处理成写作型文本好呢？这个选择，让我大费脑筋。我一时不能定夺。这个纠结，一直持续到周五下班后踏上旅途。在去北京南站的地铁上，我还在反复琢磨。地铁上人流如织，来来往往喧闹不已，我深深地沉浸在自己的《风雨》中，心静如水，完全不受环境影响。

下地铁的时候，我似乎想清楚了，这个课，还是要上成写作型文本最合适。贾平凹的写法，很劲道，但很亲民；很深邃，但很浅易。学生如能学到他选材技巧、观察技巧、描写技巧之十分之一，对于日常写作，也是受益无穷的。

文本特质一旦确定，很多问题便都迎刃而解了。在读教材中被充分开掘出来的各种各样的教学内容，都会主动被再次检索筛选。一般这些内容包括：我们可以借助这个文本进行的知识渗透，可以借助这个文本完成的语言学用，我们可以凭借这个文本进行的能力训练，我们可以依靠这文本完成的情怀熏陶和思想磨砺等等。

当我把《风雨》确定为写作型文本后，课堂教学的内容便都指向"写作"了。教什么写作知识呢？自然是侧面描写。训练什么写作能力呢？自然是侧面描写的选材和细致描写的能力。但在梳理文本知识的过程之中，我感到了为难：如果学生要实现现场写作的话，对原文本的欣赏挖掘就只能点到为止。文本简单处理，对于《风雨》，是不是太可惜了呢？

我又开始纠结了。而且这一轮纠结，比上一轮来得猛，来得烈。在动车上，我停止了备课，反复掂量思考这个问题，反复计算课堂时间，反复分配读与写的权重比例……设计一个课，很多时候如打俄罗斯方块，要努力让各个环节都严丝合缝课堂方能高效。教师如工程师，必须具有腾挪组合的功夫。这轮比较，在教学内容和教学时间上，我自己跟自己"锱铢必争""方寸必较"了一番。一堂课40来分钟，大型公开课也只能在1个小时左右，教师不做时间的"守财奴"，还真安排不下来。

车到淮南，已经是深夜 10 点半了。凤台四中的王校长亲自来接我。这个校长，笑容温暖，谦恭有礼，一看就是儒雅之士。见面就递上泡得热热的绿茶。茶杯是新的。精致的紫色茶杯，在夜幕下闪着温暖的光。我特别感动。我万水千山走遍，所见礼遇甚多，但这样的贴心呵护，还是第一次。

淮南到凤台，还有一个半小时。我只跟王校长淡淡聊了几句，便躺在后座上沉沉睡去。到北方后，我调整了作息时间，早起早睡。晚上做家务，侍弄老公和孩子，早上起来看书学习备课。10 点半，早过了我正常睡觉的时间了。

入住宾馆时，时间指向了深夜 12 点半。

我的课件还没有完成。更要命的是，我还在语用型文本和写作型文本之间挣扎，没有做出最后的抉择。

我决定不熬夜备课，还是继续睡觉。我思维的高潮期迅捷期总是在清晨。许多悬而未决的事情一觉醒来，思路便都有了。我越来越相信，人在睡梦中其实并没有完全"死去"，大脑在以另外一种方式工作，甚至工作得更为活跃呢。近些年，我出版的近 10 本专著，几乎都是在清晨完成的。

我信任清晨，于是安心睡去。每天四点钟，清晨会准时叫醒我。我知道，我的课，会在这个清晨搞定。

但课堂需要预设，而生活却往往只能生成。生命中的风雨永远比自然界的风雨更吓人。深夜，我被一阵猛烈的踹门声弄醒。一看时间，2 点半。接下来便是犹如恐怖电影的一段经历。我出差十多年，第一次遇见深夜在酒店被人袭击的可怕事件。此文不赘述。总之，我调动了我全部的勇敢、想象力和智慧才把那个要破门而入的疯女人挡在了门外，为此，不仅惊动了前台，惊动了在睡梦中的校长，还差点儿惊动了110……第二天知道可能是酒醉的神经病女子找错了袭击对象。现在想起依旧心有余悸，更加知道了做人之险，从此出差必要反复检查大门锁的各种装置——而以前，我相信大酒店无危险，多少是有些懈怠的。

疯女人闹了近40分钟才离开。奇怪的是，惊魂稍定，我便又沉沉睡去，睡眠质量丝毫不受影响。经风雨见世面，这些年的行走，基本让我拥有了处变不惊的能力。

唯一不同的，醒过来的时候，已经是清晨五点钟了。离主办方来接我去吃早饭的时间仅仅只有两个半小时了。我必须在这个两个半小时，把课全部搞定。

虽然睡得晚，中途又受了打扰，但我顽强的生物钟还是在清晨显示出了超人的力量。我在床上小坐片刻，把这几天所有的思绪理了理，并且快速做出抉择：课堂宁纯粹不要繁复，宁简约不要杂乱。讲得多不如讲得精，练得浅不如读得深。这个课，就上成语用型课。写作放在课外。贾平凹的文字好，用一节课的时间带领学生深深进入这个"好"，有价值。

文本特质一旦确定，备课思路就清晰了。理念、方向、目标永远是第一位的东西，而其他具体的技巧，也永远会在理念方向目标的指引下自然而然生长出来。

作为成熟的教师，在我的头脑里有很多语用型文本的备课模板，取出来就可以用。

我迅速确定课堂结构：看章，看段，看句，看词。四个主板块，从宏观到微观，一路看下来，基本可以帮助学生认识"这一篇"的特点。还有一个辅助板块：看意。这个板块是侧重于人文性的。点到为止。以前上课，往往只围绕着"看意"。这样上语文课，这样面对普通的语用型文本，自然是偏了。现在要扭转过来，教学重心老老实实放在语用上。这于我，是很重要的领悟和改变。

　　我更快地选择了推进各个板块教学内容的教学策略。于我，具体怎么教的难度小于确定教学内容。读章，是整体俯瞰全篇的过程，重在理解侧面描写和学贾平凹的选材。我设计了两个小问题：1. 自由说话"我在看到了风，那风啊……；我看到了雨，那雨啊……"以此帮助学生理解文意，把握侧面描写的妙处。而且问题难度小，学生都有的话说，课堂起势比较平和，容易调动激发学生。2. 学生自由总结"在贾平凹的选材中，既有生物，也有；既有动物，也有；既有天上飞的，也有，还有；既有动景，也有……"从十几个方面引导学生尽可能地多角度思考作家选材的特点。

　　读段，确定我主讲，让学生认识到写景纵式展开和横式展开的两种方法。读句，采用同类信息聚合法，在诵读指导中引导学生领悟贾平凹写句的妙处。读词，则鼓励学生和贾平凹 PK，在调换比较中让学生领悟作者炼词的精妙。这四个板块的教学，都用七言诗句的形式做小结。学完，一首古诗就完成了。这样，可以给学生一个完整的印象。至于"看意"板块，就算是全课的收束了。不讲，不做拓展，只读，领读和全班性的诵读。这样的文本，如能在诵读中让学生背诵下一部分，领悟一点点，那真是善莫大焉。

　　清晨七点的时候，我的课件基本做出来了。只是还很粗陋。许多地方需要细化。我不急。我的课是下午。上午主要是听课。我想，听课的过程中，我还会收获一些灵感。我可以一边听一边调整。

　　7 点过一点点，语文湿地的朋友们已经来接我了。我被一大群花枝招展的姐妹宠得像个公主——每一次都这样。仅仅因为她们喜欢听我上课，喜欢读我的那些浅陋的文字，她们就把我当成了公主。这些尺码相同的湿地人，每一次，都带给我太多太多的感动。

　　凤台四中一如他们的校长，儒雅，温暖，而且热情。我一边听课一边调整自己的课件，每每被孩子们的聪慧和激情吸引得抬起头来，看着课堂上热热烈烈的场面心情澎湃。窗外是凛冽寒冬，而室内，因为语文，温暖如春。语文教研的场景，实在是世界上最美好的场景啊！

下午，我走上讲台。这堂课，首讲，而且，没有试讲过。但我完全不紧张。经历了太多的课堂风雨之后，我渐渐拥有了沉着和笃定。备课期间的精耕细作广泛阅读，教学设计过程中的反复纠结取舍，都凝成了最后的自信和冷静。现阶段的我，已经不把上课当成上课，那不过是一次又一次和学生的有准备的充分交流。乱云飞渡人从容。我成竹在胸。

我上得很 High。学生也很 High。听课的老师们也很 High。我不想下课，孩子们老师们都不想下课。

前四板块，落点在 8 句诗上：

赞平凹

天地都在他心中，信手拈来有章法。

纵式横式巧展开，段落铺排多变化。

修辞炼句真功夫，句句都如原上花。

咬文嚼字善推敲，一字一词少疵瑕。

侧面描写最霸道，风雨不碰成绝杀。

火眼金心已炼就，短文传世赞平凹。

而最后"看意"阶段，我指挥着我的学生"合唱团"，演奏出了这堂课的最强音：

……

生命的风雨来了！我像那槐树上的葡萄蔓，再也攀附不住了，才松了一下屈蜷的手脚，一下子像一条死蛇，哗哗啦啦脱落下来，软成一堆。

生命的风雨来了！我成了那无数的苍蝇中的一只，我们集中在屋檐下的电线上，一只挨着一只，再不飞动，也不嗡叫，黑乎乎的，电线愈来愈粗，下坠成弯弯的弧形。

……

生命的风雨来了！我是那"孩子们"中的一个，趴在门缝，惊喜地叠着纸船，一只一只放出去……

生命的风雨来了，我到底会怎么样呢？

……

这也是我梦想中最好的语文课的收束场景：孩子们在惊天动地的心醉神迷的诵读中自然而然进入文本的深处。我只是小小地动了一下文本，我只是给他们选择了一段接近于文本气质的音乐，我只是告诉他们——来！来朗读吧，朗读中有文字最深刻的美。

直到此刻，离那堂课10天了，我的眼前依旧是那些红扑扑的脸，那慷慨激昂的诵读声，那些灼灼的眼神，那些突突突跳跃的心……

这便是语文课的魅力了。这便是让我们甘愿望断天涯而不惧，衣带渐宽而不悔苦苦追求的原因所在了。

教室里，春水潺潺，繁花似锦，红日东升。一课如一季，青春因此而定格，岁月因之而永恒。

于是，为了更多的这一刻，我还愿意，永远愿意，怀揣语文之梦，风雨兼程。

（王君　特级教师）

那儿，多余的东西是没有的

—— 《祝福》备课与教学手记

◎ 肖培东

2016 年 7 月 10～11 日，"南菁杯"全国鲁迅作品教学专题研讨会在江苏省江阴市南菁高级中学举行。特级教师黄厚江、邓彤、肖培东，青年名师、全国课堂教学大赛一等奖第一名获得者刘铁梅、向浩、徐杰，江阴名师胡学英等将分别执教不同学段、不同文体、不同课型的鲁迅作品教学展示课。我执教鲁迅的经典小说《祝福》。

"鲁迅作品是我们民族宝贵的精神遗产，语文课堂肩负着继承、弘扬鲁迅精神及其思想的重要使命，引导学生读懂鲁迅作品、读懂鲁迅，是语文老师义不容辞的职责。"写在会议邀请函上的这段话让我肃然起敬，可是，一节课，能教《祝福》什么？

"当我沉默着的时候，我觉得充实；我将开口，同时感到空虚。"能形容我此时的苦闷的，还是鲁迅的话。

沉默，可是面对讲台，我终将开口。

我抚摸着鲁迅的每个黑色的字，每个带血的标点，想着那无边的黑夜和黑夜里的点点微光。这代表了迄今为止文化启蒙的最高成就的小说，是鲁迅对中国国民劣根性的犀利批判，同时表现了对他们的深沉的爱，无关华丽，更无期期艾艾，有的只是深刻到灵魂里的沉痛与悲凉，无论哪一段都是那么精致厚重尽见匠心。45分钟，我要做出怎么样的取舍？7月，窗外自然没有瑟瑟作响的雪花声，想着那如泣如诉的血泪控诉，想着课堂上我必须要穿梭的疼痛和清醒，我怎么也不能渐渐地舒畅起来。

祥林嫂要讲，这个世界上最为悲惨的女人，我们必须要痛苦地走进她的灵魂世界。她是被人们弃在尘芥堆中的，是看得厌倦了的陈旧的玩物，悲剧的化身，历尽了尘世间所有的痛苦，带着满心的屈辱与伤害，终是离开了。由人世推向地狱，由人变为非人，世上已没有更大的悲惨了，可我们又必须在课堂上咀嚼她的苦痛，赏鉴她的悲剧，说着她的一嫁再嫁，说着她的可怜的阿毛，说着她间或一轮的眼珠，说着她风雪中的茫然四顾，这一种文明的玩味，又是怎样的冒犯！

"不早不迟，偏偏要在这时候——这就可见是一个谬种！"自私冷酷的鲁四老爷要讲。"你放着罢，祥林嫂！"灭绝了祥林嫂的最后一丝希望的四婶要讲。"阎罗大王只好把你锯开来，分给他们。"善良的帮凶柳妈如此的诡秘一说，要讲。"也许有罢，——我想。"不是凶手的凶手的"我"更要讲。围绕在祥林嫂周遭的空气，各自深陷于不同而又相同的无知和可悲的境地，鲁镇的每一双缺失光亮的眼睛都想讲。不讲，怎么能感受这芥草般的女人在浓浓黑夜里的必须要死、非死不可的悲惨？不讲，又怎么能听到一个具有现代意识的知识分子内心的挣扎、徘徊、忧虑和无奈？

鲁镇的三次"祝福"很精彩，对祥林嫂的三次肖像描写很入神，四婶三次禁阻祥林嫂碰祭器的呵斥很关键，失去阿毛后的三次自责催人泪下，鲁四老爷三次"然而""可恶"空白中有深意，鲁四老爷的三次皱眉，长工的"三句对答"，鲁镇的四场飞雪，五张神奇的账单，祥林嫂的眼睛，鲁四老爷书房里半副对联，文章的题目"祝福"，甚至祥林嫂挎着的破竹篮，平平正正地放在岸上的淘米箩……我都想讲！

人物，情节，环境；手法，语言，叙述视角，线索安排；悲剧探因，多元主题，复杂人性……遏制不住的表达念头，都想告诉学生作家伟大如此！

读《祝福》，读到我内心一片凄恻，也读到无限感动！鲁迅，怎样的匠心！

可我只有 45 分钟！

《祝福》又是一篇怎样经典又伟大的小说！

"一部经典作品是一本从不会耗尽它要向读者说的一切东西的书。""我们越是道听途说，以为我们懂了，当我们实际读它们，我们就越是觉得它们独特、意想不到和新颖。"卡尔维诺对经典的阐释，说出了我对鲁迅《祝福》这样一篇小说的全部敬畏。

年轻时候的读书，大多奔着情节而去，就像少年时候看电影，但凡有冲锋号吹起，红旗飘扬，就会热血沸腾，止不住地叫好。岁月流逝，当人生必须经历沧桑和颠簸，当灵魂必须浸透苦痛润泽，当我们对人世对人心有着真切的体验和感受，读书，尤其读经典，才会慢下来，在字里行间寻找心灵碰撞与共鸣，对作家的精心营构才会有真诚深刻的玩味。最初读书，并不去细想，鲁镇的人们在祥林嫂第二次做了鲁四老爷家的女工后，为何还争相往她的"伤口"上撒盐，极尽逗弄、挖苦、嘲笑、恐吓之能事。而今，看看这同样冷漠自私的社会，看看同样退缩围观的你我，才知道内心麻木、人性冷漠其实比生活贫穷更可怕！披文入情，见微知著，读懂鲁迅，才能读懂我们自己，读懂我们这个时代的弊病。慢慢咀嚼，作品之精彩高妙才能真正落进眼里心底。此中有真意，欲辩已忘言。"福兴楼的清炖鱼翅，一元一大盘，价廉物美，现在不知增价了否？"为何点出这清炖鱼翅？祥林嫂每月工钱五百文，"一盘鱼翅"就吃掉了祥林嫂两个月的工钱，还有"我"和祥林嫂交流时诸多省略号，又是怎样体现了"我"的孤独、彷徨、不安与无助？"我在这繁响的拥抱中，也懒散而且舒适，从白天以至初夜的疑虑，全给祝福的空气一扫而空了……"祥林嫂死得那样悲惨，而"我"为什么还会"懒散而且舒适"呢？祥林嫂风雪中提着的竹篮，是否是她唯一的慰藉？"怎么死的？——还不是穷死的？"冷漠的话语中，我们能看到怎样的世道和人心，祥林嫂正是这"无主名无意识的杀人团"的祭坛上的牺牲品。《祝福》，绝不仅仅止于对封建礼教和封建思想的控诉。读书，鉴赏就是不断地发现，"这是一个不断接近作品本体，又不断丰富其内涵，却永远也没有终结的过程"（钱理群语）。

看似信手拈来，实则匠心独具。很多的妙处，只有沉潜文字中才能体悟。文字是传情入理并带有温度的表达，非用心体会不能感受其真妙。"无论如何，我明天决计要走了。"摩挲其中，这"走"这"无论""决计"是怎样的一份离开与挣扎，逃避与向往。"阿呀，米呢？祥林嫂不是去淘米的么？……"好一会，四婶这才惊叫起来。没有对祥林嫂的担忧，不见对人的同情，一声惊叫只是为了米，于是"大家分头寻淘箩。她先到厨下，次到堂前，后到卧房，全不见淘箩的影子"，如此详细地写着寻找淘箩，人之肆意践踏可有可无至此，"怪她何以还要存在"就不足为奇。

缺失温暖，滋生冷漠的社会，终将人人都成为祥林嫂。读书，读到我们清醒又痛苦，泪水中又有希望。《祝福》，说的难道就是那个远去的黑暗吗？

鲁迅说："我们自动的读书，即嗜好的读书，请教别人是大抵无用，只好先行泛览，然后决择而入于自己所爱的较专的一门或几门；但专读书也有弊病，所以必须和现实社会接触，使所读的书活起来。"这"活起来"，就是读书的大境界。

教学，也要活起来！

我曾经这样"活"教过这篇课文。

"至于肖培东老师，我听他上《祝福》时采用模拟法庭的形式，一次前所未有的尝试。当时我曾邀请他到温州二十二中上公开课，同时来上课的是武汉的一位特级教师，培东毫不逊色。那时我就说培东迟早会评上特级教师。"

浙江省著名特级教师、语文前辈唐承彬老师在回顾他在永嘉的教育教学活动时写下了这样一段话。那堂《祝福》课，快有 20 年了吧，是我刚走进永嘉中学执教高中语文的一堂公开课。年轻，上课总爱琢磨点新东西，形式上鼓捣点花样。模拟法庭"谁是凶手"，大概是这样的，一位学生扮演祥林嫂做原告，多位学生分别扮演鲁四老爷、四婶、祥林嫂的婆婆、柳妈、"我"等，然后由"祥林嫂"控诉，要求同学们从文中找出相关证词……"祥林嫂是非死不可的，同情她的人和冷酷的人，自私的人，是一样把她往死地里赶，是一样使她增加痛苦。"作家丁玲说。我已经想不起来 20 年前的满树繁华，课堂上的热闹激昂依稀眼前。所有的青春都有过如此的热烈和率性，站在今天的时光里眺望 20 年前的语文教学，我甚至都有种隐隐的羡慕。有时候，语文教学是不必太较真的，一个语文老师的成长是需要有过一段自由的创造的时光的。那堂课其实也是很有劲的，虽然今天再来审视多少有些幼稚（这样的教学演绎好像更适合初中的课堂），但紧裹在其中的创造心却是一个语文教师成长路上最可贵的。"黄瓜愿意开一朵花，就开一朵花，愿意结一个瓜，就结一个瓜。"萧红喜欢这样无拘无束的自由，自由生长的树，只等以后读懂了语文的心思，天空就会蓝悠悠的，又高又远。

《祝福》读多了，就觉得鲁迅并没有在文章中表示要"憎恨"谁，要"爱护"谁。法庭辩论式的教学多了点强暴力，细想想，谁都是凶手，谁又都是受害者，从人性的角度来解读鲁迅作品我觉得才是真实的。《祝福》教学，抛弃主义，捡起人性，告诉孩子鲁迅是一个"真"的人。

后来，喜欢上某篇论文里的这样一句阐释"祥林嫂，一个没有春天的女人"，教学便顺着"春天"去推进。为什么说祥林嫂是一个没有春天的女人？一番梳理，我们就会发现祥林嫂生命中几个"关节"都安排在春天发生，具有深邃的象征意义：丽春之日，丈夫去世；孟春之日被卖再婚；暮春之日，痛失爱子；迎春之日，寂然死去。春天，本是寓意着新的生命的诞生，是一个新的开启。而祥林嫂却在其间频受打击和摧残，寂寞枯萎至熄灭。丈夫是她的春天，孩子也是她的春天，可是祥林嫂的春天一个个离去，所有的希望、期盼都化为泡影。"悲剧是将人生有价值的东西毁灭给人看"，而这种毁灭，若是走在"春天"里，就显其悲哀。

这个"春天"的教学设计给了我很多自得，可是很快就发现，互联网时代，《祝福》教学，早已经是"春色满园"。这个"没有春天的女人"，也在"春天"中泛滥流俗了。

那么，这次，《祝福》，我想怎么教呢？

弱水三千，我取一瓢饮。

45分钟，你讲任何的精彩点，都会走失其他的精彩。经典，永远是讲不尽的，而且，任何一种定势的教学，都有可能将学生的思维硬性纳入凝固化的定论中，从而阻止了他们对文学作品的创造性开发。如同《孔乙己》的教学，切入点很多，"手""酒""脸""钱""笑""长衫"等等，选择其中的一个，其实是为了帮助学生走向其他。《祝福》的教学也是如此。经典作品的精彩，在于你永远想讲精彩，在于你不停地在教学中衍生精彩。

既然这样，就教给学生发现精彩品味精彩的方法，给他们一双慧眼去妙识经典处，深入文本魂吧。"在我的心目中，语文课就是教读课。'教读'，就是教学生读书并使之达到'不需要教'的最终目的。"（钱梦龙语）如此，简化《祝福》教学的繁杂冗长，不刻意掘深《祝福》的文本深度，点面结合，"有预谋地摆脱学生"，由扶到放，由教而学，提升学生的阅读小说的能力，把《祝福》最大限度地交给学生去阅读思考。

我是从契诃夫的言语中找到这"一瓢"饮的。

"在小说里不要有多余的东西。这就如同在战舰甲板上一样，那儿多余的东西是一样也没有的。"

《祝福》中精彩无数，即为弱水三千，一个场景，一个道具，一个眼神，一个动作，一句话语……它们都在小说的文字深处，也都在战舰甲板上，都不是多余的，都是值得反复咀嚼深加品味的。结合《祝福》一文，谈谈你的理解。让学生找出甲板上绝不多余的小说细微处，把阅读学习交给学生。

只是，教师必须要有所引导有所示范，也就是说，教师在放手之前先要扶着带着学习，和学生一起充分阅读品味《祝福》中的某一点精致。祥林嫂是文本的主角，聚焦核心人物，理解祥林嫂的悲惨遭遇感悟悲剧意义才是有限时间内的最大化阅读。鲁迅先生说："要极俭省的画出一个人的特点，最好是画她的眼睛。"《祝福》中鲁迅对祥林嫂眼神的刻画，生动地体现了祥林嫂性格的发展过程，鲜明地表现了她内心世界的深刻变化，从而印记着祥林嫂悲惨一生的足迹。细读文章，我们就不难发现，作者多处描写了祥林嫂的眼睛：顺着眼——眼角带泪——眼睛无神采——直着眼——大黑圈——眨着眼——分外有神——凹陷下去——间或一轮……小说描写祥林嫂的眼睛达十二次之多，但字数不多，惜墨如金，通过对祥林嫂悲剧人生中几个重要转折时期眼神变化的描写，通过眼睛，透视人生苦难，把祥林嫂震撼人心的悲惨命运一步步地推到了高潮，深化了作品的主题。"画眼睛"，更能给读者一种心灵的震撼和深沉的悲哀。

一圈眼神细品味，写尽人生最苦悲。身份、处境、性格、遭遇、精神状态、心灵的伤痕、造成她悲剧的黑暗社会……她的眼睛，再用她的眼睛窥视周围的人和那个世界。

毕飞宇先生在鲁迅文学院高级研讨班上演讲时说："我只能说，鲁迅先生太会写小说了。"读懂祥林嫂的"眼睛"，寻找小说更多的"眼睛"，见微知著，以点带面，课堂简单如此！

祥林嫂的经历——祥林嫂的眼睛——《祝福》里更多的不多余的传神的"眼睛"，这就是我的45分钟《祝福》教学内容。

简简单单，多余的东西是一样也没有的。我希望，课堂也朝向这样的方向。

"读懂鲁迅作品，弘扬鲁迅精神。"这是本次鲁迅作品教学研讨会的宣传口号。鲁迅作品很难读懂吗？读到什么程度才算读懂？我们与鲁迅有着怎样深的隔膜？中学语文课堂，需要怎么样的教学，才能把鲁迅精神扎根在孩子心上？我觉得去掉"懂"字，就改成"读鲁迅作品，悟鲁迅精神"，是不是更适合中学生？

钱理群先生曾经在南师大附中开设"鲁迅作品选读课"，在谈及教学目标时，他认为首先要告诉孩子的是"鲁迅是一个'真'的人"，要讲一个"真的"鲁迅，其次要强调鲁迅是真正的语言大师，中国现代汉语的语言大师。"虽然读鲁迅作品开始时会觉得很困难，但读多、读久了之后，你会自己去发现，自己去感悟，你会流连于鲁迅建构的汉语精神家园中，这也是人生之一乐事。"（钱理群《名作重读·把鲁迅精神扎根在孩子心上》）钱理群先生的这段话，很值得我们中学老师思考，"我不要求学生完全懂，我只要求学生知道鲁迅很丰富，鲁迅作品很有趣"。"读懂鲁迅作品"，就必然会要求教师"教懂鲁迅作品"，这压力，太大，也不实际，阅读鲁迅是一辈子的事，常读常新，让学生因为我们的课喜欢上阅读鲁迅作品，才是最实际的教学目标。

读鲁迅作品，悟鲁迅精神。

我望着会场舞台上大大的会议背景，鲁迅裹着一片黑色，用冷峻的目光审视着过去、现在和未来，而在背景画面右上角处，一枝绿色的柳条斜伸出来，给这片凝重和肃穆添上一丝生机和暖意。仔细凝望，一只蝉伏在绿柳叶上，它在想什么，它在歌唱什么，我突然感动起来。《祝福》教学，也是与鲁迅相遇，那么，就让我们一起从文本深处找出这一只只小小的蝉来，聆听它们的鸣叫，听出它们的凄厉，更听出它们的期待吧。

读《祝福》——懂"眼睛"——找更多的"眼睛"，课堂，没有多余的东西了。

鲁迅，遥远的一只温暖又敏锐的蝉，我们，是否能在细小处寻找到他歌唱的痕迹！

7月11日那天，《祝福》的教学效果出奇的好。

最让听课老师惊讶的是学生安安静静读书的15分钟！

"我都憋死了，那安安静静的15分钟。你怎么就沉得住气？"朋友满眼的惊讶，夜风暂息，安安静静的，像极了我课堂上的15分钟。

我笑了笑："语文课不就是这样的吗？"

"可那是多大的场面啊！《祝福》又是多长的文章啊！你怎么就能做到如此淡定，而且后面效果还那么好？"

我还是笑了笑，淡淡的，思绪很快又回到了《祝福》的课堂。

江苏江阴南菁高中，古朴幽远，是当地很有名的一所高中，文化底蕴深厚，学生都是各所初中的优等生。走进《祝福》课堂和我一起读鲁迅的是今年刚考进来的新生，也就是刚初中毕业等候高中召唤的学生，他们会读出怎么样的《祝福》呢，望着稚气未脱的他们，我淡淡地想。

"《祝福》这篇小说近万字，你都读出了什么？"我必须检阅一下他们的预读。台下是黑压压一片，我看过去，怎么就看成了鲁迅小说里常有的那种拥挤和浓黑。

"我读出这个祥林嫂受封建礼教束缚，抗争又不被理解，终于在这个封建礼教充斥的社会以及人们的冷漠中被折磨致死的这样一个悲剧。"第一个学生的回答，用的是一个长句，语言连贯不做停歇。这很明确地告诉我这批学生读过作品，而且会读书。

"我从这篇文章中读出的是人情冷漠，对这种女性的不包容、鄙夷、侮辱。"一丝冷意，我惊讶于这个"不包容"，极概括，极深刻。

"封建社会中，祥林嫂虽然有反抗，但最终屈服。不过她屈服的过程中，以及受到精神的打击，所以说最后就去世了。"男生的话语显然没有组织好，关联词的连接很随意，但情节、主题以及态度均在其中。

"当时下层一个女性的死亡，社会是毫不在乎的。"

有思想的学生，有见地的学生，能读书的学生。他们的眼睛亮亮的，是思索的，有着阅读的光芒。这个年龄的孩子，我在课堂上问小说初读体会，往往喜欢回答情节，也就是写了哪些事情，一般不太从理性上做正面回答。但是，眼前的这批学生，语言简练凝重，多能一针见血，阅读理解与表达能力极强。但强于思辨说理，也有可能失之阅读浮躁，对小说情节和细微处的关注不够。我扫描了几个学生手头的文章，发现几乎没有什么圈圈划划的，阅读，是要有痕迹的，论说的深刻不等于细节的入驻。"想看好花，一定要有好土"，读懂鲁迅作品，还是要"读"字当先。

"这堂课，先读文章。这么长的小说，你得要慢慢读，关键的地方还得要想一想。在读的过程中，想想并整理一下这篇小说写到的祥林嫂的经历。最重要的是，你得拿着笔画出你认为小说当中读着觉得特别有意味的句子。开始。安安静静地读。"

这样，就有了令你惊讶的安安静静的 15 分钟。

江苏金军华老师认为："这时能量在蓄积，智慧在开启，情感在酝酿，接踵而来的是波澜的起伏，浪花的迸溅，飞瀑的欢笑。"这 15 分钟，深圳向浩老师认为是他的教学信仰之一。

学生们拿起笔静静地读着，我轻轻地踱着步子，在幽静的森林中凝望着。不是只有炽热和喧嚣才能激发生长，寂静中自有生命的勃发。整个会场静到极致，下面的老师们在做什么，我真希望你们也是在静静地读书，虽然心里有着很大对我的担忧。真的，你们善意的担忧我都能接收到。可这一刻，别多想，就这样静静地，享受我们阅读的好时光。陈丹青说："读书是一件很安静的事情。"余华也说："写作与阅读，都是冷清的，但这样的状态却像海底激流，始终汹涌澎湃。"教学，很多东西不能提前，阅读，很多时光不能省略。

他们划着一句一句，没有交头接耳，只有内心与文本的碰撞。时间凝滞，阅读的思绪流淌成河。

我很陶醉，记忆中蚕食桑叶或者细雨浸润泥土的声音，又一次生动地飘来。这 15 分钟，会还我们更广阔更深邃的 15 分钟！我相信！果然，读书后，他们竟自己找出了文章中更多的眼睛：祥林嫂的伤疤，祥林嫂说阿毛，四叔的书房，长工的淡然，鲁镇的风雪，祝福的隆重，"我"的支支吾吾……

桃李不言，下自成蹊。花朵争先绽放时，我更想念那涌动生命的寂静的大地。

许久没有这样的感受了，喧嚣尘世中，我们太缺失这样的安静了。

这个时代，安静读书已经成为一种奢侈。

那么，这15分钟，会不会是我语文教学路上的一个进步呢？

可是课堂，还是要有多余的东西。

好的课堂，更必须要有多余的东西。

比如空谷无音，比如涟漪四起，比如节外生枝，比如风云突变。

生动的课堂，是个危机四伏的地方，那些严格按照预设指令和程序出发与到达的课，只强调了知识的静止结果，却忽视了思维的动态生成。每个学生都是一个独立的人，每个文本都是独立的文本，每个阅读又都是独立的阅读，珍视学生独特的感受、体验和理解，这种独特，就会衍生出预设外的珍贵的"多余"。教师，就要在各种不在教学预设内的"多余"中清醒判断，敏锐捕捉，掘出珍奇。

《祝福》教学中，我问学生的初读体验时，一学生回答的原话是这样的："我读出了在这个封建社会中，祥林嫂虽然有反抗，但最终屈服。不过她屈服的过程中，受到精神的打击，所以说最后就去世了。"学生的这个回答，语言颇为跳跃，但仔细听，我们能听出《祝福》一文的情节、主旨以及读者态度。此时，我做了看似"多余"的一个追问："你用一个'去世'这个词来说（祥林嫂的死亡），书上（原文）是怎么说的？"鲁镇上的人，对祥林嫂的离去，是不用"去世"来说的。短工先说"老了"，然后淡然地回答说"还不是穷死的"。四叔呢，更是高声说："不早不迟，偏偏要在这时候——这就可见是一个谬种！"对生命的漠然冷酷甚至诅咒尽在其中，祥林嫂如草芥般的存在也就刻画得形神兼备了。可是这个学生对祥林嫂是有同情的，他自觉地用"去世"来解说死亡和离去，这就是对小说底层人物悲惨命运的同情了。这一追问，多而不余，学生对小说人物和主题的理解就在斜枝横生中的停留中得以加深。

教学过程是一个动态的建构的过程，我们常常会囿于原有的教学设计或者时间限制不敢放手走向陌生路径，这其中自然也有教者的判断模糊或选择犹豫等原因。上完《祝福》，我还是觉得遗憾，有几处可贵的能拓深文本阅读的契机还是失之于犹豫。比如一男生有很精彩的发言："悲剧过后世界还没有变。"这一充满哲理的评论赢得满场掌声，此时我更应该顺着一问："你怎么知道悲剧过后世界没有变化？你是从小说的哪些地方读出那个时代那个社会的不变化的？"这样，就会引导全班学生再入小说语言深处，读读祥林嫂死后众人的冷漠反应，思考首尾祝福祭祀的场景以及氛围的描写作用，探讨"我"的矛盾困惑等等，小说的主题理解就会更实更深。因学而教，顺学而导，导学引思，即便这看似"多余"的追问让后面少了一两处其他的精彩呈现，但做实拓深一处我认为价值更高。小说，是永远说不尽的，你不可能在几分钟内踩到所有的经典细节。教学中有价值的停留，是一种匠心，是一种品质。教给答案，只是满足于获得知识；掌握方法，才会让我们的阅读成为我们的智慧。教学，永远不是一个赶时间的推进。因为，我们是为学生的学而来的。

风轻云淡，波澜起伏，一切都源于你的眼睛你的心。

课堂，最怕没有意外。语文老师，最怕缺失发现和捕捉意外的眼睛。

老师的眼光，既要落在文本的细微处，又要在课堂的时空处流转。既能在静止的小说文字里读出生动，准确选择好文本的教学点；又能在动态的教学推进中看到价值，敏锐生成教学的新资源。

小说，没有多余的东西，教学也在简洁中沿着文本走向深刻。但课堂又别怕多余，而要学会找到有意义的多余。因为，这些"多余"一点儿不多余！沉醉与感动，遗憾与嗟叹，都是真实教学绝不多余的组成部分。

零零碎碎地写出自己的教学思绪，就像远远地凝望一条河流。有那华灯初上的曼妙，有那铅华洗尽的安和，有那停滞回旋的挣扎，有那缓缓急急的歌唱，每一圈涟漪，每一朵浪花，每一簇撞击，都在不断地寻找、纠正、重塑和升华。

我还是想起了鲁迅先生的木刻画，想起了那双犀利的眼睛，想起了他的孤独、深沉、悲凉与温暖，想起了那伏在绿柳上呐喊着的黑色的蝉。"于一切眼中看见无所有；于无所希望中得救"，我不能阐释，只和你们静静地阅读。

真的，那儿，多余的东西是没有的。

（肖培东　特级教师）

将设计贯穿于课前、课中、课后

——《变色龙》教学手记

◎凌宗伟

最近一直思考的问题是课改十多年来，为什么总觉得改来改去并没有达到人们的期待。身兼语文教师与学校管理者，我在观察中发现这些年来我们的教学研究近乎走火入魔，总是想独树一帜，创立门派，急于见效，就是很少愿意在教学设计上动脑筋。

为什么是设计，不是备课，备课跟设计，究竟有什么区别？备课本往往是学校统一印制的，一般来讲，备课本上往往设置了教学目标、重点难点、教学过程、教学小结、课后作业等栏目，备课时将这些栏目填满就是，这其实就是我们平常讲的写教案，或者写课时计划，是以课时为单位的。设计就不一样了，以教学目标的设定为例，至少要从学科、课程、教材编写角度、教材本身、学生以及老师角度来思考。这就是系统化的教学设计，涉及的主要是教材的一章一节甚至是一个单元、一篇课文、几个板块之间的系统化。无论是建筑设计还是教学设计，都是在系统化思维的指导下，进行的系统化设计。而对系统化粗浅片面的理解，造成了当前我们在教学设计中的通病，即过度地追求外在的形式，忽视了以人为本这个根本。

为了解决这个问题，教学设计至少要从教与学两个方面出发，从教的需要出发，至少要考虑具体的学科特征，课程体系，教材内容，教的条件——环境、教师；从学出发，至少要考虑学的现状、需要与可能，当然还要考虑学的动力。以《变色龙》这篇课文为例，我的教学设计经历了两个版本，三个层面。

关于初中语文学科的特质与地位以及课程目标等，最近一次修订的《初中语文新课程标准》有这样一些陈述："语文是最重要的交际工具，是人类文化的重要组成部分。工具性与人文性的统一，是语文课程的基本特点。语文课程应致力于学生语文素养的形成与发展。语文素养是学生学好其他课程的基础，也是学生全面发展和终身发展的基础。"因而，"语文教育应该而且能够为培养和造就一代新人发挥重要作用"。要培养学生"具备包括阅读理解与表达交流在内的多方面的基本能力，以及运用现代技术搜集和处理信息的能力"，"引导学生丰富语言的积累，培养语感，发展思维，初步掌握学习语文的基本方法，养成良好的学习习惯"。同时，"语文课程丰富的人文内涵对学生精神领域的影响是深广的，学生对语文材料的感受和理解又往往是多元的。因此，应该重视语文的熏陶感染作用，注意教学内容的价值取向，同时也应尊重学生在学习过程中的独特体验"。"语文综合性学习，有利于学生在感兴趣的自主活动中全面提高语文素养，是培养学生主动探究、团结合作、勇于创新精神的重要途径，应该积极提倡。"

一、两个版本根据教材编写特点、单元要求有很大变化

《变色龙》这篇课文在 20 世纪 80 年代初期我教初中语文时，就教过几次，也为这篇课文的教学设计费过不少脑筋，但总觉得如果从学科、课程、教材编写角度、教材本身、学生以及老师角度来推敲的话真的还有不少需要改善的地方。2015 年有个刊物向我要一个教学设计（这些背景是否一定要呈现?），于是我再一次选择了《变色龙》这篇课文。

我对《变色龙》的设计用的是苏教版教材。苏教版将它放在八年级下册第四单元《小说之林》中，教材编写者在这个单元前的"导语"中有这样的表述"阅读本单元的小说，你可以更好地认识社会，品味生活，感悟人生"。"小说的表现力极强。三言两语，便能写活一个人物，短短几百字，便能折射一个时代。"同时，编写者将这篇课文定位为"阅读课文"而不是"精读课文"，课文后面的"探究·练习"有这样几条：

一、《变色龙》既写了任务的"变"，也反映出人物的"不变"。奥楚蔑洛夫是怎样随案情的变化而"变色"的? 在他的"变色"背后"不变"的又是什么? 你能运用这种"'变'中'不变'的方法"，分析学过的小说中的人物吗?

二、课文除了刻画奥楚蔑洛夫的语言、动作、神态和心理之外，还写了他的外貌。你认为写外貌时突出一件始终伴随他的军大衣的细节有什么作用? 你能联系周围的一个人物，用几句话通过一个细节刻画他的性格吗?

三、请你比较下面各组中的两句话，思考问题。

A. 这是谁家的狗?

B. 这到底是谁家的狗?

B 句比 A 句多了一点什么意思?

A. 这好像是席加洛夫将军家的狗。

B. 不过也说不定是席加洛夫将军家的狗。

两句意思有什么差别?

A. 哎呀，天! 我还不知道呢!

B. 哎呀，天! ……可我还不知道呢!

两句的表意侧重点有什么细微的差别？

四、分角色朗读课文。

另外，课文第一面下面还有这样两个注释：

①选自《契科夫短篇小说选》（人民文学出版社 2002 年版）。变色龙，蜥蜴的一种，皮肤的颜色随着四周物体颜色的不同而改变；比喻在政治上善于变化的人。契科夫（1860～1904），俄国作家，代表作有小说《草原》《套中人》、戏剧《樱桃园》等。

②"奥楚蔑洛夫"俄语中这个词的本意是"疯癫的"，用它作姓，有讽刺的意味。

我在反复重读课文和以上这些文字的基础上，做了如下的教学设计：

1. 直接导入：知道变色龙吗？说说看。

2. 阅读思考：浏览课文，看看小说情节怎么围绕"变"展开的。

3. 问题探究：警官奥楚蔑洛夫为什么会前前后后一"变"再"变"？假如你是警官奥楚蔑洛夫，你会不会同他一样？你觉得这篇小说写得最精彩的地方是哪里？

4. 组织讨论：你们觉得参考资料对奥楚蔑洛夫的分析有道理吗？

5. 阅读《一个小公务员之死》。讨论警官奥楚蔑洛夫与小公务员有没有相同之处。

6. 布置课后作业：阅读《装在套子里的人》以及契诃夫的其他作品。思考：契科夫笔下的小人物告诉了我们什么，对这类小人物当如何看待？

我上面这个设计有从"工具性与人文性的统一"的学科特点出发的，比如 3、4；也有是来自培养学生"具备包括阅读理解与表达交流在内的多方面的基本能力，以及运用现代技术搜集和处理信息的能力"课程目标的，比如 5、6；还有来自教材的，比如 2、3，扣的是单元要求与课文的"探究·练习"，4、5扣住了注释。当然也兼顾了我本人的一些考虑，比如5，更多的则是着眼于学生的学的。

虽然，我这个设计上没有陈述"教学目标"，但从具体的教学设计中，还是可以看到每一个环节的出发点与归宿所在的。

就具体的教学时间而言，是不可能将所有的内容一股脑儿抛售出去的，只能在有限的时间内同学生一起学习其中最为重要的东西，这就是所谓的"教学重点"，当然这重点也是要在熟悉学科特质、课程体系、教学资源，尤其是学生的实际情况的基础上确定的，即便"非重点"的舍弃也当如此。任何一堂课，在具体的教与学中多多少少总会有些阻滞和障碍，这就是"教学难点"。"教学重点""教学难点"绝不能简单地从"教学目标"那里复制粘贴过来。它们是教师在教学的系统化设计过程中围绕"教学目标"遴选与确定的。是教师在权衡评估教与学的起点到终点的进程中可能会遭遇到的阻滞与障碍而设计出来的。从课程系统与教材编写者的意图来看，苏教版这个单元的教学重点就是"导语"中的"认识社会，品味生活，感悟人生"，难点就是"探究·练习"中的"一""二""三"，再具体一点，从学生的实际情况来看，难点则应该是"探究·练习"中的"三"，从课程目标出发，教学难点则是我的设计中的环节4。

今年上半年，接到一个任务，内蒙古有个培训，希望我去给老师们上堂公开课，课题就是《变色龙》。但这篇课文，在人教版教材中是放在九年级下册第二单元，是一篇"精读课文"，教材是这样明确这个单元的教学目标的："学习本单元，要在把握情节的前提下，着重欣赏人物形象，把握人物的性格特点，了解刻画人物性格的多种手法"，课文前的"提示"是"狗的主人究竟是谁，随着判断的不断变化，警官奥楚蔑洛夫的态度也在不断变化着。这篇讽刺小说在给我们带来笑声时也令我们深思，或许我们还能从现实中看到这种人的影子"。"研讨与练习"是这样的：

一、自然界中的变色龙随着周围环境的变化而不断变色，是出于生存的本能，而奥楚蔑洛夫几次变色又是为了什么？作者通过他的言行揭示了一种怎样的社会现象？

二、奥楚蔑洛夫为什么能给人留下深刻的印象，乃至成为某类人物的代名词？体会讽刺小说的这种写法及其作用。

三、依据课文内容画漫画或制作电脑动画，也可以编演一出话剧小品。

注释与苏教版大致一样。

可见，无论是苏教版，还是人教版，教材对奥楚蔑洛夫的定位是一以贯之的，他就是个"寡廉鲜耻，欺下媚上，专横霸道，见风使舵"的"变色龙"。不同的是一个是初二的"阅读课文"，一个是初三的"精读课文"，显然，照搬去年的设计是不行的，必须再设计。

我这次是这样设计的：

课前布置学生结合"课文提示"与"研讨与联系""一""二"反复阅读课文。

1. 导入：多媒体呈现几张变色龙的图片，要求同学说说它们为什么会变色。

2. 揭示课题。

3. 阅读分享：呈现四张与课文有关的漫画，要求学生选择其中的一张分享一下相关的情节，并说说你从这个情节看到的奥楚蔑洛夫是怎样的一个人。

4. 问题讨论：课文中有哪些细节值得回味，为什么？为什么会将"变色龙"与奥楚蔑洛夫联系在一起？

5. 问题探究：有人说"《变色龙》写作于1884年，当时的俄国沙皇亚历山大三世，为了强化反动统治，豢养了一批欺下媚上的走狗，为其镇压人民服务。他也制定了一些掩人耳目的法令，给残暴的专制主义蒙上了一层面纱。沙皇专制警察往往打着遵守法令的官腔，而干的却是趋炎附势、欺下媚上的勾当。《变色龙》反映的正是这一现实"。你怎么看？（为帮助学生的探究，给他们提供一下资料链接：作者契科夫的人生态度"不以暴力抗恶，相信上帝，自我完善"，其作品"关注小人物的不幸与悲惨生活"，行文"朴素、自然、冷峻、简洁、凝练"。）

6. 速读《装在套子里的人》《一个小公务员之死》。思考：契科夫笔下的小人物告诉了我们什么，如何看待这类小人物？

这个设计，同样从学科、课程、教材编写角度、教材本身、学生以及老师角度出发的，但更多地考虑的是"精读"。我将一个重要的目标定位在批判性思维的引导上，以期通过批判性思考，以实现"培养语感，发展思维，初步掌握学习语文的基本方法，养成良好的学习习惯"的课程目标，让学生在体验中认识到"对语文材料的感受和理解又往往是多元的"，学会以批判的精神看待教材，对待别人的解读。

二、从备课到上课，设计根据现场情况及时调整

课前的设计与实际的教学还是有一段距离的，何况还是借班上课，而且实际的教学是在一个师生相当陌生的环境中进行，作者为设计者，难免有些惶恐，如何在最短的时间内消除师生间的陌生感，尽快地进入教与学的实际状态又能达成帮助学生"学会以批判的精神看待教材，对待别人的解读"的教学目标，成为萦绕我心头的一个困惑。在我走进课堂的片刻，忽然想起了我那个 U 盘上有一个短片《人性》，这是一部荣获了全世界 102 个奖项的寓意深刻的动画短片。它与本次授课内容具有相似性，于是我将这个短片放了一下。故事情节这样的，片中主人翁的各种用具都是人承担

的，举灯的人，当桌子、凳子、衣服架子、出租车、红绿灯、电梯、存储柜等都是人，最后是主人公自己当了别人进门的鞋垫子。

上课时间到了，我说刚刚看的是一部荣获了全世界102个奖项的《人性》，现在不讨论。先来相互认识一下，我指着黑板上凌宗伟三个字说，我叫凌宗伟，为了方便交流，我想请同学们将桌上的那张A4纸做成一个桌牌，写上自己的名字，以便我能喊出你们每一个人的名字（我在很多地方借班上课，都会借用这个从台湾朋友黄欣雯女士那里学来的沟通方法）。这个设计的目的，就是为了套近乎，当然也可以在学生的制作中看到学生的一些状况，以便我及时调整已有的设计。一分钟过去了，全班只有李宏綦做得比较标准，于是我让他给全班同学展示了一下，并请他说了说他是怎么想到这样做的。李宏綦说这是生活常识。下面有同学轻声说是三角形的稳定性原理。李宏綦同学以及下面同学的回答正是我这个设计需要达到的目的，学习要联系生活，学习打通学科界限。于是我提醒同学们：学习，许多时候是要联系生活常识的，也是要综合运用自己所学到的知识的，今天我们是不是也可以这样？

接着我说，上午我到赤峰博物馆去转了一下，有人告诉我，赤峰人是内蒙古的犹太人，犹太人是世界上最聪明的人，我今天有幸跟世界上最聪明的人一起分享这一篇短篇小说，应该是一个很幸运的事情。来看PPT，这PPT上是什么？学生都说是变色龙。高浩同学说：变色龙这种动物会根据身边的环境判断有没有危险，然后改变自己的肤色来和旁边的环境融为一体以躲避危险。许多同学都说，变色龙是利用自己的保护色来保护自己的。

我接着说，今天我们要学的小说标题也叫变色龙，作者是俄国的契科夫，他跟另外两个人号称世界上短篇小说三大巨匠，知道另外还有两个巨匠是哪两位？同学们都能清楚另外两位是莫泊桑和欧·亨利。于是我判断自己设计的教学目标在今天的课堂上是有可能达成的。接下来的进程比较流畅，基本上是按照课前的设计走下去的。

但是，在讨论细节描写的时候，高伯仑同学说，除了军大衣与手指这两个细节，课文中还有人群里的两处细节，一处是："'这好像是席加洛夫将军家的狗。'人群中有人说。"另一处是："'没错儿，将军家的！'人群里有人说。"这说明围观的人群也很关注这个狗的主人是谁。实话说，我在研究课文时尽管也关注了这两处，但在设计时就没有将它放进去，高伯仑同学这一说，立马提醒我将它放置进来了。在后面探究如何看待奥楚蔑洛夫的"变"与"不变"时，就用上了它。来看下面的课堂实录：

老师：我问的是，为什么将变色龙和奥楚蔑洛夫联系一起，这是一种什么方法？

学生齐：借物喻人的方法。

老师：借物喻人要有关联性和相似点，这个关联性在哪里？相似点是什么？

刘天浩：善变。

老师：是的。随着狗的主人的变化，奥楚蔑洛夫的态度也在不断地变化。刚刚高伯仑同学还发现围观的人群中也有人关注这狗的主人。如果我们也是围观者中的一员，是不是也会有这样的关注呢？如果我们是奥楚蔑洛夫，怎么处置这条狗呢，如果这狗是你们班主任家的或者校长家的，你们怎么处置？

李琛：应该跟奥楚蔑洛夫一样。

老师：为什么？

李琛：现实生活就是这样的。

老师：现实生活中是人大都这样？

李琛：对。

老师：现在同学们是否能说说《人性》这个短片告诉了我们什么？

刘天浩：我感觉应该是，当别人以你为首的时候，你或许也在以他人为首，当你在这里奴役别人的时候，要想想自己也曾被人奴役的时候。

老师：很好。到底是我们内蒙古的犹太人，刘天浩同学的意思是，当我们在身处高位的时候往往会忘乎所以，但我们要明白，当自己在奴役别人的时候，你也可能正受着另一个别人的奴役，人性大都如此。换了我们身处其中也会像奥楚蔑洛夫一样处置这样的事情。想跟大家讲的，在许多时候不要过高的要求别人，给别人贴上一个什么标签。前面有同学在介绍契诃夫的《凡卡》时说，契诃夫写的大多是这样一些小人物。现在我们翻一下讲义，《装在套子里的人》和《一个小公务员之死》，很快地翻一下。看看《装在套子里的人》写了件什么事，《一个小公务员之死》写了件什么事情。用自己的语言简短地把情节复述出来。一下子看那么多文章，要学会速读。在今天这个知识爆炸的时代，每天都会有大量的新的信息出来，要学会在大量的信息当中迅速地汲取最主要的和最关心的那些信息。时间关系，不一定两篇都看。

王晓东：《装在套子里的人》写的是别里科夫因为当时社会的原因，所以掩饰和包装自己使自己成为一个苟且偷生的人，并使之成为习惯，最后戏剧性地死了。

老师：很好。为什么你用戏剧性地死亡了。

王晓东：他的文字"冷峻"，同时他还是戏剧家。

老师：别里科夫要把自己裹在套子当中。

王晓东：他担心闹出乱子。

老师：闹出乱子来，说不定就会伤害了自己？你真厉害。

赵威：《一个小公务员之死》讲的是一个将军身边小公务员，看戏的时候，不小心打了一个喷嚏，他认为自己的吐沫星子喷到将军身上了，就一直都不安宁，很怕将军生他的气，就一直在道歉最终吓死了自己。

老师：很好！《装在套子里的人》《小公务员之死》，以及我们今天读的《变色龙》的主人翁都是契诃夫笔下的小人物的生命状态。今天我们身边的小人物多不多？

学生齐：多。

老师：你们是大人物还是小人物？

学生齐：小人物。

老师：我们都是小人物。在对待奥楚蔑洛夫的态度上，我们除了在选择他是"见风使舵，伪善欺下"伪君子时，应该不应该有一点另外的想法？《装在套子里的人》《小公务员之死》《变色龙》的主人翁有一个共同点，他们都是社会的底层人物，为了生存，他们的选择也是一种无奈。我们不能总是用一种居高临下的道德的标杆要求这些小人物。设身处地，或许我们还会有其他的一些认识。

这堂课上下来，我又想：是不是还可以有另外的设计，比如让学生在熟悉课文内容的基础上排练课本剧，在表演和观看以后谈谈各自的认识，或者让学生观看现成的课本剧视频，再来研究和讨论相关的问题。专业化的教学，是要将设计贯穿于课前、课中、课后，乃至于整个教学生涯的，甚至是终其一生的。

（凌宗伟　特级教师）

《勇气》的备课与教学笔记

◎朱震国

那是一次主题为同文异教的示范课，在四川成都，执教者除我外，还有当地学校一位青年教师，评课人有上海师大王荣生教授等。

对我来说，接受这样一个提议是需要有些"勇气"的，撇开其他的因素不讲，这多少带了点"比试"的味道，难保不会造成课堂气氛的某种变异。然而转念又想，挑战何尝又不是机遇和动力？而倘能执念于一的话，又何至于惴惴讲不出一个真实的自我来呢？

于是不再纠结，找来课文一遍遍地读了起来。

一

阅读教学，除了文本，我一向很少或几乎没有参考相关材料的习惯。一则教材中就这么些个名家名篇，经年累月的反复下来，都快成了"顺口溜"，需要补充的并不很多；二来这似乎无关乎教学的紧要，作品真正的核心价值，应该在于它写了什么，怎么写的，而不是谁写的，在什么境遇下写成的之类，虽说后者可以给阅读带来某种想象与感慨，比如曹雪芹，比如莎士比亚。《勇气》也不会例外。

作者狄斯尼女士笔下的诺曼底战役，通过一个侧面，以法国农妇的舍己救人和美国伞兵的机智无畏，表现了世界反抗法西斯纳粹追求和平正义的大势所趋。但是对于今天的学生和教学目标，这样的写作主旨，即使仍不无某些积极的意义，总不能再是重点所在，我以为。

不仅作者其人，就是时代背景，敌我双方阵营的组成，乃至战争的缘起及最终的结局等等，也都不妨以"枝蔓"视之。教学做"加法"，人所共知，加后需做减，就少有人会同意，遑论付诸实行了。所谓"一桶水""一杯水"云云，不仅关乎量，更要求对质的"过滤"和"提纯"。一篇文本的教学资源，有"可教""应教""能教"之分，"可教"讲学科性，"应教"讲针对性，而"能教"要看教师的素质学养；换个说法，文本作为五脏六腑俱全的小麻雀，教师对它的"解剖"，是否一定要面面俱到，大可讲究一番。譬如：作者狄斯尼的生平，二战及诺曼底的概况，战争的正义与否之类，真的一个都不能少吗？而当我一一做着这些区分、弃舍，也许还有切割的时候，如同日出风起，雾霾渐消一般，慢慢有了一个清晰的轮廓：谁是勇敢的？怎么个勇敢法？还有没有够不上勇敢的……

我悄悄做了一处修改，课题"勇气"给换成了"勇敢"。可不可以，何所依据，得想个明白。作为名词的"勇气"，和作为形容词的"勇敢"，二者的语意内涵，至少部分相吻合，可"勇气"重在精神气质的揭示，"勇敢"则强调动作行为层面的表现，学生通过人物的行为表现，进而去触摸领悟人物的内心，既易于学习路径探索，也合乎认知的规律，学得实在。教学的深度，"举重"不是问题，能否"若轻"，真正明了，才是关键。在我看来，把勇敢说清楚讲明白，勇气必当迎刃而解，若不然，就会成个死结。

把语文当学科看，要讲知识技能，若是能把语文当作生活的一面镜子，语文也便成了身处其中的一个场景。教学文本，需要完成这样一个从学科课程向现实生活转换的过程。于是，我把视角从"谁勇敢"的远眺转向"怎么勇敢"的近观，向"有无不够勇敢"的细看依次推移，由对课文的浏览观照而寻章摘句而咀嚼品读，通过广角式全景切入，在把握故事整体的基础上，连接起人物行为及相互关系的学习主线，从而形成对课文难点的一次视线聚焦和思维碰撞。

按我这样一条线索贯穿，文中的部分段落显然无法纳入其中，尤其是第十三节有关于环境的一段描写以环境的紧张、危急烘托人物机智、沉着、果断的性格特点，令我有些不舍，但因为与学习的关键词"勇敢"之间的联系不很紧密，最终被割爱。类似的段落还有多处。文本之于教学，究竟是临摹的范式，抑或只是个例子，需要教师的决断。

教师要尊重文本与作者，原是不错的，但如果所谓尊重，便就一切唯作者马首是瞻，以创作之意图为教学的目标，以作品的思路结构为教学过程的架构模式，以阐发其字里行间的微言大义（其实或原非其本人所自觉意识）为唯一使命的话，那么所谓教学的艺术岂不"沦落"为一种旁白与注解？语文教学的自主生成、创造性思维又从何而来？我绝不是主张撇开作者的文本自以为是说一套，但不敢逾越作者及其作品的雷池半步，也一样不可取。

教师教学的三要素，亦即教学目标（为什么教），教材解读（教什么），教学过程（怎么教），与作者的创作三要素（为什么写、写什么、怎么写），既不必也不可能完全重合、绝对一致。叶圣陶先生所说的课文无非例子的意思，大概也就是如此吧。文本这个麻雀的五脏固然俱全，譬如人物性格、故事线索、环境描写，譬如修辞语法、谋篇布局、语言特色，譬如主旨思想、段落大意、重要语句……可作为教学何必求全？如同阅读是一种个体的创造，教学也应该允许有对教材做出取舍、剪裁以至重构和解读等一定的空间和自由。事实上，一堂成功的语文教学中总会"掺和"执教者某种程度的个体性解读。离开了教师的"个性"解读，一味地依葫芦画瓢，这样的"语文"怎能叫人信服、接受？哪还有丝毫的魅力可言？

当然魅力不会凭空而来，"个性"也不能任由为之，一切还需从教材出发，由教材而生发。《勇气》可按设计中的第三个环节"有无尚不够勇敢之处"出发，正是基于我对人物行为及学生认识两个方面综合考虑而做出的一个安排，"我"既是男人也是"军人"，更肩负有前往救当地人民于水火的专职使命，而今却一而再地向本该被解救者（而且还是一个女人）求取援助，且又导致对方的丈夫遭到杀害，如此行为本身与其身份是否相符？这样的行为本身能叫作"勇敢"吗？再说，军人牺牲理所固当，只为求生而逃，何"勇"之有？除了男主人公，更有女主人公。法国女人勇则勇矣，但丈夫死后看都没敢看一眼，胆小还是悲伤？说她勇敢，还需讨论……这些教学的"痒处"，也可能就是思维开启的"触碰点"。备课的真正价值就在于，寻找激发学生思维训练的疑点与契机。学习无他，唯疑而已。因文而疑，因生而疑，对于我，这着实有着一份发现般的欣喜。

问题是，我的一番"闭门造车"学生会欣然领受吗？

二

走进课堂，我还是忍不住问了一句："关于课文中故事发生的有关背景，大家有所了解吗？"果然，反馈如所预料的那样零零落落，且都带着不很确定的语气。

于是我只大概交代了一下双方阵营的组成，便直接进入话题：故事里谁可以被称为"勇敢者"?

问"谁是"而非"谁才是",只因为后者的语气里不仅明显带有比较,而且严格限制,具有确定的排他性;而前者更具开放,也不必过细地斟酌情节与人物。很多时候,教师因为过多关注学生答案的可控或预测,往往一再地过分紧缩问题的空间,使之变得逼仄,以此避免可能会有的失控,但也由此剥夺了学生选择的自由,导致本该随机生成的应答交流,成了一种背书似的台词预设。

在对课文相关情节作了初步预览后,我随后提出了全景式"扫描"的要求,请提出勇敢的依据,表现在哪里。别看刚才的气氛很宽松,不管你说法国女人还是我提美国伞兵,都只是一个大致的印象而已,不用取舍也无须举证。可现在既然做出了判断,总不能没一点根据吧——说不过去呀!

一个有趣的现象出现了:把课文的大小情节都抖搂了一番之后,学生们发现竟然找不到多少相关"物证"!那个美国伞兵就是马尾巴串豆腐——提不起来,自打跳伞落地后只是不停地逃,不停地求救,完全见不到"勇敢"的影子。至于法国女人,丈夫都被打死了,还敢开第二次门,倒也不乏"勇气"可言,但问题恰恰在于,她为什么还要去开这个倒霉的门呢?莫不是伤心过度以致乱了心智?这一课教学其实从这里,从这时才开启了思维的序幕。

事出反常必有妖。教学中引导顺杆子爬固然有利于促进思维的积极主动,而逆势相向的阻遏也常有出其不意的功效,竟而至于令人脑洞大开的情景,也并不罕见。寻找人物的勇敢表现,倘若出于课始,未尝不可,可那是摆好了酒菜,请人上座的常见套路,而现在坐上了酒席却看不见饭菜,得要自行觅食,就势必不能不动一番脑筋了。当然,这种教法首先取决于文本的写作模式,是否提供了必要的支撑与可能。而当学生遍寻不着人物的勇敢之时，自然也就产生了如何看待人物貌似懦弱之举的疑惑。隐藏于这些教学环节中的"无痕"，是事理内在的逻辑，是情理必然的规律，万不能刻意为之。对此我深以为戒。

学生罗列的疑问主要集中于：美国伞兵为何一直逃逃不休？他为什么就不能"壮烈"一下？而法国农妇的胆小，对她丈夫的尸体"一直看也不敢看他一下"，与她二次开门的勇气如何结合成为一个"矛盾共同体"？由此看来，能不能提供人物行为的内在心理依据，成了决定教学走向的重要的枢纽节点。之后，教学无一例外地围绕着文本提供的描写，特别是细节刻画与字、词、句内涵意蕴而展开：

例1. 关于农妇神态目光的描写："她长得并不漂亮，不是笑容满面，但是她的眼光却善良而镇定。"

讨论： 不漂亮说明不了什么，"不是笑容满面"就不同了，那是战争状态下被占领区人民的心理和表情的常态化反映，也表明了人物对于这种状态处境的长时间压抑和愤懑。同样，"善良"或许出于人的天性，"镇定"却并非与生俱来，它体现人物沉稳的性格特点。也正是有了这样的观察判断，美国伞兵才敢于开口向她求救。

例2. 故事中农妇两次说完话后，分别有几乎一样的动作描写：一次是"法国女人说着便把他带进屋里"，第二次"她毫不迟疑地把他送回壁炉边的碗橱里"。这"说着便……"和"毫不迟疑"两种说法有区别吗？

讨论： 当然有区别。两种表达方式的相同处都是"行动迅速"之意，不同之处，在于后者更突出了人物内心一份意志的坚定和欲望的强烈，为人物的行为提供了强大的精神支撑。

例3. 课文第十四小节集中了多处对农妇的描写，如"那位法国女人很快打开了门""他们面对面地站了也许一秒来钟""她直直地注视着这个美国青年的眼睛，他的到来使她变成了寡妇，孩子们变成了孤儿"。

讨论："很快"一词一下吸引住了大家的眼球，这怎么可能：一个刚刚死了丈夫，陷入巨大情感悲痛之中的女人理应迟钝恍惚，怎么会"很快"开门呢？除非她早有思想准备，正等着敲门声响起，美国兵再次到来！因为只要那美国兵没被抓获，就只有重新回到这里。但问题正在于，她为什么那么迫不及待地等待美国伞兵的到来，甚至似乎忘了她的巨大悲痛？她究竟出于怎样的动机和目的？

"开门后，他们面对面地站了也许一秒来钟"——就更叫人不可思议了！几分钟也许不能确切把握，而不过上下眼皮眨一下的工夫，竟然"也许"！它意味的是短暂还是漫长？一个在日常生活中完全可以忽略不计的瞬间，就这样被定格成了煎熬的等待。而在这么一个"漫长"时间的对视中，他们之间又交换了哪些"不言而喻"的信息？给了彼此怎样的精神"密码"？文中无解，只能又是"你懂的"。

"他的到来使她变成了寡妇，孩子们变成了孤儿"这一句语法结构的因果指向一目了然，可又那么地含糊其辞，令人不明所以；可答案或许就在这字里行间若隐若现，若是把前后的蛛丝马迹彼此勾联，再作逻辑推理，如"直直地注视着"，如"毫不迟疑"，又比如"哦，当然啦。快！"……捉迷藏一般，似明若暗，学生有找到答案的，有自以为领悟而又有些不无茫然的，也有瞪大了眼睛，坐直了身子不言不语的——众生众相，各取所宜。

例4. 关于伞兵求助："你们愿意把我藏起来吗？""你愿意把我藏起来吗？"

讨论：改成"请你把我藏起来好吗？"，是否可以？我问。

结果遭到了学生一致反对，理由不外说你把被求助人的选择权给剥夺了，原句为疑问，回答可以"愿意"，也可以"不愿意"，而改句则成了祈使句，虽然也用了问号，语气上却分明不容拒绝，强加的意味明显。原句的意蕴是否就是所谓的"绅士风度"，我并不十分确定，但不管自身处于怎样的境地，也不能以此作为借口用以为难、逼迫他人，这样的人生境界，我乐意推荐给学生分享。

例5. 关于"勇气"的比较

讨论：事实上，这一环节是"被动"加入的，而不是出自我的"预设"。上课进行中，一位男同学下意识地流露出"军人的勇敢才是真正的勇敢"的想法，遭到几位女同学的强烈"抗议"，并逐渐形成全班的一个疑问：美国伞兵和法国女人，究竟谁更勇敢些？

教师永远无法预测教学中的全部细节，也幸好这样教学才有了它鲜活的魅力。我一时不得其解，好在此时的课堂和学生，早已不再聚焦于我，他们展开了自我之间的口舌交锋和思维碰撞。我自然侧立一旁乐闻其"坐而论道"。

几位女生认为，军人自当马革裹尸、效命疆场，怎可去向一介平民，一个女人，一个被解救者反复求助，还来奢谈什么勇气！

几个男生不服：大丈夫死当其所，动不动"老子拼了！"或"打死一个够本两个有赚"，那只是寻死的莽夫罢了，算不得真正的勇士。再说了，未必不怕死就有勇气，要不自杀的都可叫勇士了。

女生反唇：所以上门求保护，就叫勇士了？

男生一时语塞，突然斜刺里出一奇兵：大丈夫能屈能伸，为了肩负的神圣使命，为了履行最大限度杀伤敌人的军人职责，敢于低下男人的头颅，收敛起军人的高傲，不也正体现了他的非凡勇气？！

此话一出，立即引来不少点赞，包括女生也有人颔首称是。

一旁的我眼看语声间歇，插了一句：这么说，美国兵更勇敢些，是吗？

女生反应敏捷：莫非法国女人死了丈夫还来舍命相救反倒不如你的

"低声下气"了？

男生降低了声调：你（！）是真勇敢，而他也不是孬种一个，是吗？

讨论重新回归原点，我以为完全可以接受，毕竟也还是收获不少。

此时一位女生缓缓起身从容道来：作为一个母亲，把自己孩子的安危也一并置于脑后，请问有比这样伟大母爱更令人钦佩的勇气吗？

课堂里立即静音一般，随即响起用力的鼓掌声。我暗自叫声：惭愧！

过后回想起来，要说这节课的点睛之笔，大概非上述这段插曲莫属。我的课前功夫做了不少，预测也有很多，但真正有生命力的教学不是由你先挖好了一个坑，然后往里面注水，滴水不漏便可大功告成。鲜活的教学如同一泓泉流，顺势而下，"随物赋形"，其途经之处，或曲水流觞，或叮咚作响，集成而为交响。

例6. 关于幸福与信仰

讨论：这篇课文教学的最初和最终，都落在了这两个关键词上，而核心还在"信仰"。幸福的缘由在有信仰，有信仰才有幸福，哪怕历经丧夫之痛，身为寡妇这样的人生挫折！我在此告白，一如我在课堂上向学生们承认的那样，我不懂得真正的信仰究竟怎样，能否让人产生幸福感，并且使身为将军之人也倍感羡慕，对此我无法昧着良知，说我知道答案，只要如何如何，怎么怎么就能达到信仰的彼岸等等。我只会说一个听来的段子——某人为求人为己办事，送去财物若干，并指天誓地保证，此事天知地知，你知我知，绝无第三人知晓，尽可放心！不料，对方听后大为惊讶：连天和地都知道的事儿，你竟然还敢做！

我不知道学生会从我的讲述中产生怎样的联想，也不知道他们对于把信仰与天地联系起来会做出如何的解读，我甚至不知道学生有没有觉得莫名所以，根本不知何所谓，但这都已无关紧要了，我做了我能做的，剩下的，便不会遗憾了。

课就这样，在热腾腾，或者还有雾蒙蒙的感受中结束了。

三

教后说（评）课，走程序为多，一般不涉及教学的具体内容，可以值得一提的地方是那位青年教师直言"看不懂"。她在我之后执教《勇气》，板块分明，脉络清晰，显示了强烈的目标意识，并有及时反馈，以便记录在案。她希望自己的课更有针对性，也包括与我的比较。但结果却有些失落，因为我的课堂上似乎从一开始就不按常理出牌，没有出示目标，也无法厘清哪些是情感、价值或知识、技能等，却又这里那里，此时彼时地感觉到蕴藏在其中的这些教学元素。用她的话说，仿佛全无招数，想要比试，却找不到用力的地方。

王荣生教授还是对我基本肯定的，认为这叫无招胜有招，说要都按教参或大纲去教，这课也就成了定式，变得机械了。但王教授却又补了一句：招招无招，未必最后一定就是好招。他解释说，今天我的这堂课，他敢确定地说，有些地方、有的时候，在座的老师们有人可能会没有听清楚，听明白。什么道理呢，他说朱老师的教学语言需要认真去听，还要仔细去看，看说话时的表情、手势等等，综合起来去理解。教授特别强调，老师都可能有没听清楚明白的地方，何况学生呢？而如果学生听不懂或不太清楚，你教师的有效教学资源又如何转化为学生有效的学习成果呢？

无疑，王教授的判断具有严密的逻辑性，应该是能成立的。但就我个人而言，有些想法自以为或者也还有一点供参考的价值和意义，故而不揣冒昧，赘述于下：

教学要说能让学生听得明白的话，自是不错，但有些一时听不明白的话，有时却能"歪打正着"也未可知。想不明白人会产生纠结，就会不期然而然地有所"牵挂"，并非要弄通不可。这就像在一个大会场上，人声嘈杂，讲台上讲些什么根本别想听清楚，此时，台上讲话者若有经验，会先把说话的调门降低些，甚至稍稍停顿，台下不一会儿就安静下来。所以有几句话学生听不明白意思，或者可能被记得更牢。再把话往远了说，语文的"意思"，"一清二楚"不可成唯一标准，说清楚了未必就是语文，需要意会的可能才是语文。"平芜尽处是春山，行人更在春山外。"你自以为想清楚、说明白的，其实或还差得远呢，这样的事也时有发生的。"幸福"也好，"信仰"也罢，给个内涵定义容易，可那是政治课的事，与卿何干？又与语文何干？而要从语文的角度，从社会、人生的角度去说清它们真正的意味，又有几人能够？非不为也，实不能也！不能够的事还不能不说，要说又说不明白，那么，朦胧地说去，也许不失为一种说法。说到底，一切都说个清楚、讲个明白，这样的语文或语文教学未必真实，话到嘴边留三分，文学尚含蓄，忌直白，教学时留下些念想，即使只是从个人执教的惯性来说，或也可以作为一种选择。

套用叶老有关例子的说法，教学亦无非给课文找个安身之所而已，只图容身暂栖还是有个长远打算，为别人进来可以炫耀一番还是冲自己住着舒适，是简约明丽的风格还是堂皇典雅的气度等等，这些，我以为一切皆有赖于教师的设计与打造。至于原先想象的是一回事，最终显现的则不尽相似乃至面目皆非、大相径庭，也是完全可以接受的一种现实，否则教学不就成了工程产品设计图，就可以流水作业、批量生产的了？当然这是我自以为是的陋见，在此求证于诸位同仁方家。

（朱震国　特级教师）

《囚绿记》备课手记

◎胡明道

"想下课吗？不想？大会还有安排呢，现在我们就下课吧。"随着一阵掌声，我与孩子们摆手告别。刚退到讲台侧面的我就被参会听课的朋友们围住了，"这课上得真是好！"湖北省教研室中语科主任夸了一句；"我多次听你的课，太有趣了！还吵架呢！"广西教研室的老朋友也打趣地对我说。我一边点着头，一边找了一个座位坐下，想等着聆听大会后面的内容。谁知刚一坐下，身旁的一个来自河北的小伙就悄悄地向我发问了："胡老师，这课我也上过，就没这样的设计，您是怎么想到要人与绿枝条对话的？"后排的一个贵州的老师皱着眉头说："怎么还都是学生提的问题？要是他们问不到点子上，东拉西扯怎么办？"我笑着对他们小声说道："会后我们再交流。"

这一幕发生在《人教社课改十年论坛》的会场上，时间：2010 年 8 月 18 日，地点：贵州省贵阳市。

一晃 5 年半过去了，我承诺的"再交流"尚无机会兑现。虽然，在大会安排的一个"与专家互动"的特别环节中，大会特邀的首席专家，拟定

《语文课程标准》的第一人——巢宗祺教授在回答现场提问时对我的设计作出了很高的评价；虽然，我也在与参会者的对话中捎带说了一点设计意图，但，这毕竟不是专题的评课、说课环节，涉及的内容很有限。如果说，当时留下了一缕遗憾，那么，今天就以这篇短文，翻检一下我备这一课的前前后后，与到场的和未到场的同行们交流交流，聊作补憾之举吧。

事情还得从一次外地来电说起。2010 年的 5 月的一天，我刚听完课回到办公室，忽听手机响了，接着就听见耳边传出人教社新晋领导王本华主任的声音，她清晰地下达了任务：新世纪启动的课程改革已经 10 年了，人教社决定今年 8 月 18 日在贵阳市召开"人教社课改十年论坛"，请你在会上上一节高中示范课，最好上现代散文，会后还要与参会的老师互动，解答一些实施中的困惑问题。为了更快地明确任务，我当时就在电话中与她选定了上高中必修（2）第一单元，这一单元是写景散文，前两篇《荷塘月色》《故都的秋》都是老教材就有的，只有《囚绿记》是较新的文本，我俩无争议地选定了这一篇。

选定文本后，我做了两件事。一是将课文复印成两页纸，夹在我的听课本中。大家都知道，5 月、6 月是教师培训最忙的时段，事前我已接了本地及外地的多个任务，无法推辞。为了更好地完成人教社的这一作业，只好用我的这一"妙招"了。这样的"活页教材"可谓备课"神器"，没有重量，方便携带，无论是在高铁上还是飞机上，均可随机随读，乱画乱批。第二件事则是翻检我的听课评课笔记本，找出曾在本地及外地听过的这一课的记录，看看青年朋友的精彩及遗憾各在哪里。下面就是我从几节课中选的两节课例。

课例（一）

（讲课的是一位做了充分准备的青年男教师）一开课教师用纯正的普通话讲了婆娑、猗郁、蕈菌、揠苗助长、幽囚、淅沥、葱茏、青苍等词语，其中特别讲授了"猗"的原意，与阉割狗有关；告诉了"郁"的繁体怎么写；强调了"揠"可以换偏旁，如可换成"土旁，堰"，"右双耳旁，郾"，"单人旁，偃"，"虫旁，蝘"等等，讲了这些字是什么意思，该怎么念等（用时15分钟）；接着念课文，抓住"葱茏的爱和幸福""猗郁的年华"发问，接着又自答：原来是描写这种事物的，后来临时借来描写另一种事物，这种修辞方法叫"移就"，如，"寂寞的梧桐树""苍白的日子"等，你们也能学写一个吗？学生学造了"瘦弱的爱""可怜的自尊心"等（用时7分钟）；接下来教师牵着学生顺段填空：（爱）绿、（牵）绿、（囚）绿、（更爱）绿、（仍囚）绿、（放）绿（用时9分钟）；接着教师以"爱它还要囚它？身边有无此类的人和事？有无想法？把想法写下来"为任务让学生当堂完成并点了4名同学宣读短文，内容均为批判自私的爱，阐述爱是尊重等（用时9分钟），最后教师以一句"爱的情感在左右我的行动，绿是追求光明的，我又打算放它，战胜了魔念"为结束语，宣布下课。

课例（二）

（这是一位青年女教师）上课后教师首先领导学生通读全文，帮助读准了课文注释内有的几个生词：猗郁、蕈菌等，随即发了"学案"，让大家仔细读，并完成"学案"中的问题，"学案"中介绍了作者生平、写作背景，提了对课文逐层理解的问题，尤其点明了"情感目标：学习绿枝条热爱光明、向往自由的精神"。读完"学案"后，教师引着学生逐段读讲，当然，全文不再有悬念，一切结论皆在"学案"中。最后，教师进行了情感拓展："现实生活中有无这样的现象？我们应该怎样去爱一个人或一个生命？想想身边的家长和孩子。"

做了这两件事后，我就开始了我的"备课三读"，以不同的身份不同的目的进行不同层次的阅读，下面就是我的"阅读回忆录"。

一读：阅读者读——领导悟文本

我从来都认为，备课的第一要务就是"阅读"，即读懂、读通、读透教材。于是，我开始了第一轮阅读。在这轮阅读中，我要求自己以一个"阅读者"的角色，独立阅读，不受干扰，读懂作品的核心诉求、情感意蕴。

本文是人教版高中语文必修（2）的一篇课文，与《荷塘月色》《故都的秋》一起组成一个单元。这几篇散文均具有写景精美、意蕴深刻、语言优美的共性，而《囚绿记》又以其写景状物新颖独特、含蓄蕴藉，写出了景物的灵性而别于其他两篇。本文以小见大，立意精深，全文记了"我"与两根绿枝条的故事，可谓"小"，那"大"究竟是什么呢？教参及大评论家都认为本文赞美了"永不屈服于黑暗的精神"，可部分读者，包括有的教师（如，课例一的执教者），却认为这是过分解读，此文"就是一个文艺青年在反思自己的过失行为，呼吁爱应含有尊重"。为此，我进行了长达几天的"自我辩论"，当然，每次辩论的支撑都是"再读文"。

甲我： 这篇文章从头到尾记了"我"与绿枝条的一件事：从遇绿到囚绿再到放绿，如果真如"大家"们说的，有那么深的主旨，为什么要写那么详细的故事呢？

乙我： 是的，的确写了波澜曲折的故事，但唯其如此，才能在各个情节中精细描写具有精神内涵的"绿枝条"呀。不然，这一景物如何能成为一个"形象"呢。

 甲我：文中几次写了，"忽然有一种自私的念头触动了我。""魔念在我心中生长了。"这不是很明白的反思、检讨吗？

 乙我：这几句的确含有自责的成分，但就全文来看，他的自责只为更烘托另一形象。且不谈对绿枝条的描写和抒情了，单看文中对它的称呼就变了好几次，从"绿影"到"绿色"再到"绿友""绿囚"，最后终于点赞为"永不屈服于黑暗的囚人"，全文塑造的重心十分清晰。比对作者另一篇以反思为主线的散文《光阴》，就很明白了。文中虽也写了在散步时邂逅了一枚"秋叶"，但是未对秋叶进行精细的描写，而是用几大段文字检讨自己"游戏阳光""耗蚀青春"的过往，反思主旨鲜明。

 甲我：有人说，绿枝条这一形象歌颂了忠贞不渝的民族气节，也是作者期望沦陷的祖国山河早日摆脱日寇黑暗统治，重获光明自由的内心诉求。更有人用陆蠡最后在日本宪兵拘留所的表现来证明文如其人，这是否牵强？难道他写此文时就知道自己会怎么死吗？

 乙我：一篇好的文章一定是一个时代的产物，再读文本，没注意到"卢沟桥事件发生了"这一明显的时代符号吗？让我们再次回放作者在日本宪兵拘留所中的一幕："你爱国吗？""我很爱国。""你赞成南京政府（汪伪政权）吗？""不赞成！""依你看，日本人能不能征服中国？""绝对不能征服！"回答多么坚决！诚然，本文写于作者牺牲前几年，并不是他有意地自我形象塑造，但我们是否可从绿枝条的形象中看到了作者所景仰、所尊崇的"精神"呢，而且这一精神又用他自己的牺牲进行了印证，所谓"人文合一"，为此意也。

 经过反复阅读及自我辩论，我领悟了绿枝条的形象内涵，确认了本文的主旨。

二读：拟教者读——解析文本

读懂了文本后，我就变换角色进行了第二轮阅读。在这一轮中，我要以"拟教者"的身份对文本的价值、亮点进行逐一分析、选用。

收获如下。

确立了目标重点。如前所说，本文编在"写景单元"，它所承载的单元任务就是学习如何鉴赏意蕴精深的写景散文。就学情而言，高一的学生对抒情散文并不陌生，他们在初中就有涉猎，学习中能够感受散文的语言美、意境美、音乐美，这些知识能力的储备为赏读这篇散文奠定了一定的基础。但是，对于散文中的象征手法还比较陌生，因此，"学习解读象征性的意象"就成了本课的教学重点。

为让自己概念清晰，我再次复习了"象征性意象"的内涵及特征。象征性意象就是以某种物象去暗示一种精神内容或不可具见的事物而形成的意象。它由三个因素组成：象征体、暗示、象征义。象征体必须是客观的、可感的实体具象。象征义是一种抽象的观念、不具形的感情或不可见的事物，它是作者赋予的，它附着在象征体内，是作者所要表现的主旨。象征体与象征义之间具有相关性。暗示是由象征体引渡到象征义的桥梁，它不直接说出，只让人从具象的寄寓中，由此及彼地去领略和意会。象征性意象具有化抽象为具体、化理念为形象的功能，能加强作品的可感性、含蓄性，使作品更耐人寻味。再读文本，我明确了，本文的象征体就是绿枝条；象征义就是绿枝条这一形象具有的品格："追求光明、向往自由，永不屈服于黑暗的精神。"

淘到了语言赏析点。此轮阅读最重要的任务就是发现"暗示"桥梁，找出"暗示象征义"的语言，即淘出文本的语言赏析点。

我发现，为塑造绿枝条，作者除安排了波澜曲折的情节结构外，还对这一形象进行了有形、有态、有声、有情的描写。如，用"伸开、攀缘、舒开""淅沥的声音，婆娑的摆舞"写出了有鲜活生命力的绿枝形象；用"总朝着窗外，甚至于一枚、一茎"写出了追求光明、向往自由的绿枝条形象；用"失去了青苍的颜色，变成、变成、变成、变成——"写出了永不屈服的绿枝条形象。此外，作者还用了直接抒情的方式点出了"象征义"："人是在自然中生长的，绿是自然的颜色。""我要借绿色来比喻葱茏的爱和幸福，我要借绿色来比喻猗郁的年华。""这永不屈服于黑暗的囚人"等。

选定了能力提升点。达尔文说："最有价值的知识是关于方法的知识。"对个体独立的自主学习而言，掌握学习方法显然较之于获得知识本身远为重要，"学长"（教师）应努力做一个好向导，在教学过程中引导学生领悟学习方法。在明确了重点设定了过程后，我为本节课选定了能力提升点：概括赏析象征性意象的方法。

发现了新的"三维生长点"。阅读中我反复告诫自己，一定要克服因偏爱词语华丽、修辞精美的语句，而忽略了平实无华却具有深意语言的毛病，要善于发现新的语言抓手。终于，我发现了在第 5 段的结尾有这样一句话，"绿叶和我对语。我了解自然无声的语言，正如它了解我的语言一样。"我顿悟：抓住它，就抓住了一个新的"三维生长点"，它将在整个学习过程中发挥巨大的作用。

虽然，我很佩服课例（一）的小同行，但我不得不说，在教学中，我们也要学会"舍得"，"猗"的原意，"郁"的繁写，"握"的形近字，以及"移就"的修辞手法等只好服从教学目标、教学重点舍去了。

三读：施教者读——妙用文本

在这一层次的阅读中，我的角色是课堂学习的策划者与组织者。虽然在前两"读"中已经解决了"是什么"和"教什么"的问题，而且我也以先学者，即"学长"的身份找出了本课的知识点、能力点及情感内涵点，但我却不能像课例（二）中的老师那样，直接将结论告诉学生。因此，在这一次的"三读"中，我给自己提出的任务是"怎么教"，即进行智慧的教学设计，并要求这一"设计"必须遵循新课程"以生为本"的教学价值观，启动新的学习方式，让知识的建构、能力的习得及情感的提升融为一体。

接下来，我做了如下几件工作。

1. 创设了具有刺激作用的问题情境

要拉近学生与文本的距离，最好的办法莫过于设置问题情境了。什么是问题情境？即是刺激丰富，能诱发好奇心理，产生问题，从而促进内动力的学习情境。心理学指出，学习情境指学习者认识自己和学习过程得以实现的环境，学习情境也指任何影响学习的因素或条件。外在环境中的刺激能直接引起个体行为反应，是诱发个体行为的外在原因；动机是行为的内驱力，它表达个体行为的内在原因或内在动力；好奇是指促使个体对新奇的事物去观察、探索、操弄、询问，从而获得对环境中诸般事物了解的一种原始性的内在冲动。

我决定利用上一轮阅读中发现的"三维生长点"，设置一个"刺激包"，撩拨学习者的阅读期待。

我设计了如下细节：一上课就指着黑板上的一个"绿"字，兴致勃勃地问："认识这个字吗？看到它，你想到了什么？"当听到七嘴八舌的绿草、绿树等答案后，我又问："你们都很喜欢绿树吧？"得到肯定回答后，我就故作神秘地问道："你们跟绿树说过话吗？没有？吵过架吗？没有。有一个人就与绿树对过话，还吵过架呢。奇怪吗？不信？到《囚绿记》中找答案吧。"

我觉得，当我引领学生翻检出常态的生活体验，而这一常态又与文本内不可思议的生活场景或人物奇怪行为产生了碰撞，思维平衡就会被打破，好奇也就会产生！概言之，这短短的一分多钟可产生如下效益：激发阅读的期待，诱生悬疑问题，开启探究的过程，迈入情感渐染的过程之道。

2. 揣摩了学生在好奇心支配下的探寻路径

我将自己设想为一个学生，在好奇心被撩拨后会有哪些疑问？人与绿树怎么认识的？他们还会说话？说了什么话？怎么又吵架了？绿枝条到底是个什么朋友？为什么要写这些，值得吗？这刚好就是教师组织学习的问题链，既然他们好奇，为什么不启开他们的发问之口呢？

我决定在通读一遍课文后，搭建探究平台，让学生发问。我预估除了以上问题外，可能还会问"为何要以'囚绿记'为题？""为何要写七七事变？""作者感情有哪些变化？"等等。我决定在学生发问后，将问题整合分层，其中也含着自己设计的问题，将"专利"让给学生，自己退居幕后；如重要问题未提出，则将原设计的问题以"建议"的方式提出。对于非重点或纯知识性问题，则当时就用一句话解决。如，"'移徙'是什么意思？""'徙'迁徙，移动，移徙在本句中当然是移动、搬动呀。""为何还要写乡下的绿？""更表明了'我'从来都是爱绿的呀。"

3. 启动了新的学习方式，动态达成三维目标

为回答"'我'与绿枝条是如何认识的？后来又有什么故事？'我'的感情有什么变化？"的问题，我引领学生梳理了文本内容，生成了板书：

遇绿——赏绿——囚绿——释绿——怀绿

满足——欣喜——恼怒——珍重——感念

接下来，为完成本节课的教学重点，我设计引用学生提的问题"这个

绿枝条是个什么形象？"组织如下学习环节：

（1）合作学习，并设计了学习任务单（出示 PPT）

①找出并朗读你们组最喜欢的一个描写句；

②品味句中的关键词语；

③凭借此句，你看到了一个怎样的"绿友"？

（2）自主发现，文中还有哪些直接对绿友的抒情议论句？

（3）人、绿对对碰；（同桌模拟人、绿，回放"绿"与"我"在"恼怒"对峙中进行的心理对话。）在设计时，我模拟学生进行了想象预估。人：你为什么老是望着窗外呢？绿：因为窗外有我需要的阳光、空气。人：你为什么一天一天瘦下去呢？绿：因为我得不到自由，我的生命就要终结了。你很自私，你阻断了我生命的源泉。人：我是善意的，我很想与你为伴，让你陪着我呀。绿：你以为把我关起来，我就能装饰你的房子，为你一人服务吗？我告诉你，我不会领你的情，不会屈服，因为我向往光明，追求自由！人：真是个永不屈服于黑暗的囚人！

这是本节课的教学重点，我之所以这样设计，是基于以下几点考虑。

（1）要智慧地启动新的学习方式，展现探究张力。新的学习方式的确立，引发了中小学课堂生机勃勃的改革实践。新的学习方式并不是一种只有形式的技术，而是在形式背后隐含着极其丰富的教育内涵，从本质上说，它是一种教育哲学。因此，转变学习方式实质上是教育价值观、人才观和培养模式的变革。这一环节规避了扔下一个大学习包，随口吩咐"合作"的形式现象，而是对能力进行了分解，既有操作性强的任务单引领合作学习，又有静静发现的独立探究，还有体验性的想象空间，可谓既彰显了探究张力，又营造了动静搭配、冷热交替的学习现场。

（2）要做到三维目标融会推进。本环节的知能目标十分明确：赏析文本语言，解析绿叶这一形象，在品味了描写语、借助了抒情句、揣摩了心里话后，形象的内涵悟出了，成果生成了；情感目标也明白无误：感悟绿叶追求光明永不屈服的精神，提升情感及生命价值观。环节中三维并行，融合交汇，没有一句"情感"输入语，学生的情感却在探究中受到渐染，进而提升了。

（3）要努力凸显方法生成的过程美

过程之美，美在目标的动态达成。这一环节的设计就是为了凸显"学长式教学"的价值诉求：教会学生学。"学长式教学"认为，教材是例子，要用教材教，而非教教材，要借用教材学习掌握学习方法，习得学习能力。显然，本环节中还有一条目标：生成解读具有象征意义的景物的方法。而这一目标的达成更凸显了动态美，过程美。整段学习，教师不能灌输"方法"，而是要引领学生摸爬滚打，在习得中领悟。当学生领悟梳理出绿枝条的形象时，教师要引领学生回望自己跌跌撞撞的过程，概括收获"解析象征性意象的方法"。

解析具有象征性的景物形象时，我可以：

巧抓描写思品质，妙借抒情悟内涵。

揣摩心理靠想象，梳理概括形象展。

4. 设计了跨越时空的人文对话，进一步提升情感

为进一步提升情感，我回放了1942年上海宪兵队拘留所的一段对话，并让学生进行对话重现。在学生再次感动时，我相机介绍了作者的情况，出示了巴金回忆作者时说的一段话："他有优美的性格和黄金的心，同他谈话，仿佛听完一曲贝多芬的交响乐，因为，我是和一个崇高的灵魂接触了。"最后，又特别隆重地宣布，1983年4月，国家民政部批准他为革命烈士。此时，学生心中的话已在喷涌了，我不失时机地设计了隔空对话环节：

设想你现在就站在北京"中国现代文学馆"陆蠡的展台前，你会对他说什么？

5. 设计了让学生趁着余兴带出课堂的问题

絮絮叨叨写了这么多以后，我忍不住收手远望，窗外已见一片阳光。我不由又对自己说："把理论转变成行为，把思想转变成方法，把知识转变成智慧，把技术转变成艺术"，将是我们永远努力的目标。

此刻，我们还在路上。

（胡明道　特级教师）

《再别康桥》备教手记

◎茹清平

 2012 年 9 月，我应邀参加广东省教育厅组织的"南粤名师大讲堂"活动，承担的具体任务是和韶关市一位青年教师以《再别康桥》为例同课异构。

 怎样体现"同课异构"的"异"？我决定进行一次大胆的尝试，将"体悟"作为《再别康桥》的基本教学策略，放手让学生去"寻觅"诗情。

 何谓"体"？即入乎诗中，以诗人的诗句为媒介，与诗人晤见、对话、交流。何谓"悟"？即出乎诗外，感受诗人的思想情感并生成新的思想与新的情感。我认为，诗歌阅读教学是否有效，绝非单向浅表地积累语言、分析意象、掌握技巧，而应在体悟的基础上，理解诗人倾注在作品中的思想情感，实现读者与诗人心灵的对话、灵魂的拥抱、精神的交融和思想的同构。"体悟"最忌"庖丁解牛"式的分析，而应空出学生心智的杯子，留给学生自主赏析的空间，让他们自我揣摩、自我发现、自我讨论、自我评价。

 读，是体悟的最佳方式。这节课，我放手让学生围绕"读"展开：初读，感知质疑；美读，达意通情；议读，明象入境；参读，知人论世；写读，会意表情。如果学生通过学习《再别康桥》能达到朱自清所说的"喜欢去读，读了之后还是喜欢"，"体悟"式诗歌教学就达到了预期效果。

初读：感知质疑

上课前第 6 天，我与授课班级语文老师通了电话，请他代我布置两道预习题，并委托语文科代表将同学们的预习情况汇总，通过电子邮箱发给我。预习题为：

1. 朗读全诗 2~3 遍，简要概括这首诗所表达的思想感情。

2. 阅读这首诗歌后，你有哪些疑惑？

上课前第 4 天，我收到语文科代表的汇总材料。

关于这首诗所表达的思想感情，同学们有以下几种看法：

1. 抒发对康桥的依依不舍之情。2. 表达刻骨铭心的离别之痛。3. 表达离开康桥时淡淡的喜悦和淡淡的哀愁。4. 表达离别母校的哀愁。5. 表达对母校的眷恋、热爱和不舍。

阅读这首诗歌后，同学们的疑惑很多，大体可分为以下几类：

关于标题的：

为什么是"再别"康桥？上一次告别是在什么时候？

关于诗歌内容的：

1. 为何"轻轻地来"又"轻轻地走"？

2. 一般离别诗离别的是人，这首诗离别的为什么却是"西天的云彩"？

3. 为何将"河畔的金柳"比作"夕阳中的新娘"？

4. 为何写青荇在水底"招摇"？作者又为何"甘心做一条水草"？

5. "彩虹似的梦"指什么？

6. 作者为何要寻梦？寻什么梦？诗人想"放歌"，放什么歌？为什么连夏虫也为诗人沉默？

7. 为什么"悄悄"会成为"别离的笙箫"？

8. 作者十分留恋康桥，为何又"不带走一片云彩"？

关于诗歌形式的：

1. 这首诗的首尾两段语意相似，节奏相同，开篇"轻轻的"与结尾"悄悄的"能否互换？

2. 这首诗的单行与双行错开排列，为什么要这样排列？

接到科代表发给我的预习情况汇总材料，我心头暗喜：能提出这些问题，说明孩子们已经与诗人和作品展开了对话，而且这些问题很典型，有很高的思维"含金量"。

上课前第 3 天，我追加了三道预习题：

1. 检索"徐志摩"的相关资料。如果在徐志摩前加三个限定词或短语，你准备加哪三个？为什么？

2. 以"徐志摩与康桥""1928 年前后的徐志摩"为关键词，检索相关资料。

3. 以"新月诗派"为关键词，检索相关资料。

美读：达意通情

"南粤名师大讲堂"活动如期在韶关市乳源高级中学举行，我上第二节课。

简单导入新课后，我让学生"美读"课文，以求"达意通情"之效。

第一步，自由朗读，整体感知。要求学生目视其文，口发其声，耳闻其音，心通其情，读准字音，力求停顿、节奏、重音与诗歌的感情基调统一。

第二步，走近新月诗派，老师范读。

提问学生（解决学生课前有关诗歌形式方面疑惑）：这首诗的单行与双行错开排列，为什么要这样排列？哪位同学能结合"新月诗派"的主张解答这个问题？

不少学生检索过"新月派"相关资料，解答得很圆满。

1. 四行一节，每一节诗行两两错落有致，字数基本相同，于参差变化中见整齐。——新月派"三美"主张之"建筑美"。

2. 每节押2、4句韵（韵脚分别为来、彩；娘、漾；摇，草；虹、梦；溯、歌；箫、桥；来、彩），诵读时给人一种旋律感，首尾呼应复沓，曲折回环，首尾圆合，气韵浑成。——新月派"三美"主张之"音乐美"。

3. 每一小节都是一幅画，并且是一幅流动的画。如"挥手作别云彩""青荇水底招摇""撑篙漫溯寻梦""笙箫夏虫沉默"等等。——新月派"三美"主张之"绘画美"。

为体现新月派"三美"主张之"音乐美"，我给学生范读时，尽量用舒缓、低沉的语调，轻柔、和谐的节奏，读出诗歌的韵脚形成的旋律感，读出诗人对康桥一草一木的爱恋和不舍。

第三步，细读美读，想景悟情。

朗读作品必须从全篇着眼，深入探究作者思想感情的变化，找到文字语言转化为有声语言的依据。因而，我组织学生交流初读的感受：这首诗表达了诗人怎样的思想感情？

绝大多数的意见是：表达了离别时对康桥的眷恋、热爱和不舍。

指导学生细读美读，入乎其内，把自己想象成徐志摩，进入康桥这一特定情境之中，去品尝语言的滋味，"激昂处还他个激昂，委婉处还他个委婉"（叶圣陶先生语），以期读出对康桥的眷恋、热爱、不舍。细读美读开始后，课堂上书声琅琅。或品味佳句，或背诵全文；或摇头晃脑，或闭目沉吟：全班同学都陶醉在诗歌意境中。

议读：明象入境

诗歌教学，不能忽略意象及其隐喻，诗言情，往往不是直白地抒发情感，而是借助一些优美的意象，把情感寄托其中，对它精心描绘。但老师一味解读"意象"，又势必影响学生的"体悟"，于是，我让学生围绕"情感与意象"展开议读，以期达到"明象入境"之效。

先抛出问题。王国维说："一切景语皆情语。"反之，作者对康桥的眷恋、热爱和不舍之情也会借助一定的"意象"表达出来。请大家再读课文，想一想，哪些地方最能表达作者对康桥的"眷恋、热爱和不舍"之情？

通过再读课文，不少学生找到了作者情感的投射点。

同学们关注到以下典型意象：

"云彩"。有同学认为，指漂浮不定。诗人在实现人生理想的路途上几经风雨、坎坷，但理想终难实现，他的心灵也像浮动的云彩，找不到可以憩息之地。也有同学认为云彩，指心爱的女子和美好的感情。

"金柳"。"柳""留"谐音，有惜别的含义。夕阳照射下的柳树，镀上了一层妩媚的金色。金色的柳条随风摇摆，秀美婀娜，好像美艳的"新娘"，形象逼真地写出了金柳的美好姿态，又传达出诗人的无限欢喜和眷恋之情及浓烈的温柔之爱。"艳影"在诗人"心头""荡漾"，物我合一，情景交融。谁舍得离开美丽的新娘呢？可见康桥在徐志摩心中的地位。

"青荇"。青荇是油油的，让你直觉到它的生命力的旺盛；在柔波里招摇的意象，是诗人对自己在康桥幸福生活的隐喻。并有向诗人打招呼，欢迎诗人之意。"甘心"两字，表达了诗人对康河的永久恋情，愿意永远流在康河，"生于斯，长于斯，死于斯"。很一般的景物为什么会在诗人的眼里变得如此美好？因为这些景物上寄予着作者对康桥的无限留恋。柳草本无情，有情的是诗人。

"榆荫下的一潭"。榆荫下的那一潭清泉叫拜伦潭，杰出的浪漫主义大诗人拜伦就在这里绽放理想。年轻的徐志摩也是在这里成为拜伦思想的追随者和崇拜者。他那对"爱、自由和美"的追求正像天上的虹霓一般美丽，沉淀在潭水中，幻化成彩虹似的梦。这清泉是诗人的青春，是诗人的梦想与追求，他如何能不如痴如醉地爱着它呢？

"笙箫"。笙箫渲染凄寂的氛围。在本诗中，诗人也想以吹奏笙箫的方式来倾吐内心别离的忧伤，可是他不忍打破寂静的氛围，不忍搅扰了心中圣地的安宁，所以只能将"悄悄"作为"别离的笙箫"。虽然未闻笙箫之音，但诗人内心的惆怅之情、与康桥别离的万般不舍、依恋之意以及独自离开的凄凉之感已尽显无遗。

意象是诗人情感的载体，才子隐秘的情思是深深隐藏在意象中的。徐志摩正是以古典意境，写剑桥物事，用熟悉置换陌生，完成了对"康桥"的艺术再创造。解读这些意象，学生才能走进徐志摩的内心世界。

参读：知人论世

以诗人的诗句为媒介，与诗人晤见、对话、交流，这属于"体"的层面，要进入"悟"的层面，还得"出乎诗外"。我们知道，任何作品的形成都是有"根"的。这些"根"一般是触动作者灵魂且久久萦绕心际的事件，这些构成了创作的源动力，它们一旦遇到外界的触发，就会以文字的形式像"枝叶"一样勃发出来。如何寻觅到"根"的影子呢？结合课前安排的检索资料的预习，我让学生进入"参读"（借助参考资料开展深入阅读）环节，以期"知人论世"。

我分三个话题让学生进行交流。

其一，如果在徐志摩前加三个限定词或短语，你准备加哪三个？为什么？下面是对学生交流情况的整理：

富家子弟徐志摩——徐家的长孙独子，其父为海宁商会会长。

聪明绝顶的浪漫才子徐志摩——少小聪慧，常年第一。北大才子，两年半拿到学士、硕士学位。

因康桥而改变人生轨迹的徐志摩——放弃博士学位；放弃做中国的"汉密尔顿"而走入诗人的行列；放弃原配，追求"灵魂伴侣"；主张离却堕落的文明，回归自然的单纯……

多情的徐志摩——与大家闺秀张幼仪（1922 年离异）、"人艳如花，气质如兰"林徽因、一代才女陆小曼之间的情缘。

诗人徐志摩——创办"新月派"（新格律派），主张"三美"。

英年早逝的徐志摩——1931 年 11 月济南党家庄因飞机失事而英年早逝。

大学教授徐志摩——上海光华大学、北京大学教授。

其二，徐志摩有怎样的康桥情结。学生搜集到的资料也不少。如：

1. 徐志摩对康桥"情有独钟"。1921 年至 1922 年间，在剑桥大学研究院学习。1922 年回国后，他写了《康桥再会罢》。1925 年 4 月重游康桥，归国后写散文《我所知道的康桥》。1928 年 8 月重返康桥，回国途中写下了《再别康桥》。

2. 徐志摩写过很多赞美康桥的文字，康桥早就成为其生命的一个重要因子。

康桥！汝用为我精神依恋之乡！此去身虽万里，梦魂必常绕汝左

右。——《康桥再会罢》(1922 年离开康桥时作)

康桥的灵性全在一条河上;康河,我敢说是全世界最秀丽的一条河。——《我所知道的康桥》(1925 年 7 月再次访问康桥后,1926 年 1 月写此文。)

我的眼是康桥教我睁的,我的求知欲是康桥给我拨动的,我的自我意识是康桥给我胚胎的。——徐志摩《吸烟与文化》

3. 康桥:徐志摩、林徽因相识、相恋的地方。在康桥,他结识了影响他一生的林徽因女士,随之解除了和张幼仪的婚姻。1923 年 1 月《致梁启超的信》中说得明明白白:"我将于茫茫人海中访我惟一灵魂之伴侣;得之,我幸;不得,我命,如此而已。"2009 年,《南方人物周刊》选出"60 年来中国最美 12 位女性"。中国第一名女性建筑学家,被胡适誉为"中国一代才女"林徽因被列为 60 年最美女性之首,颁奖词为"美与智慧的绝唱"。

4. 胡适《追悼志摩》中写道:"他(徐志摩)的人生观真是一种'单纯信仰',这里面只有三个大字:一个是爱,一个是自由,一个是美。"在徐志摩看来,康桥的两年,他才真实地找到了爱、自由、美。

其三,1928 年前后的徐志摩。有关 1928 年前后徐志摩的资料学生搜集得较少,老师做了部分补充。大致包括三方面内容。

1. 社会政治理想破灭。

(中国)"道德、政治、社会、宗教、文艺一切都破产了。"——徐志摩《落叶》

1928 年,徐志摩在"五三惨案"当日的日记中对时事发表意见:

"中央政府是昏庸老朽收容所，没有一件我们受人侮辱的事不可以追源到我们自己的昏庸。"——徐志摩 5 月 3 日日记

1928 年 7 月，徐志摩谈国内形势："虽然国民党是胜利了，但中国经历的灾难极为深重。"——邵华强：《徐志摩文学系年》

1928 年 12 月 23 日："我每当感情冲动时，每每自觉惭愧，总有一天，我也到苦难的人生中间去尝一份甘苦。"——徐志摩致陆小曼的信

2. 甜蜜的爱情梦破灭。

1926 年农历七月初七，中国的"情人节"，徐志摩与陆小曼在北京北海公园举行了盛大的婚礼。婚礼上，梁启超霍然站起，宣讲了有史以来"最坦诚""最直率""最另类"的证婚词："徐志摩，你这个人性情浮躁，以至于学无所成，做学问不成，做人更是失败，你离婚再娶就是用情不专的证明！陆小曼，你和徐志摩都是过来人，我希望从今以后你能恪遵妇道，检讨自己的个性和行为，离婚再婚都是你们性格的过失所造成的，希望你们不要一错再错自误误人……我希望这是你们两个人这一辈子最后一次结婚！"可自己以极大的勇气和热情艰难争取来的爱情（徐陆恋）并不如意，且由于陆小曼开销太大，为生计在北京、上海两地奔波，这一时期的徐志摩身心俱疲。

徐志摩《〈猛虎集〉序》中提及 1928 年前后的生活状态："且不说诗化生活一类的理想那是谈何容易实现，就说平常在实际生活的压迫中偶尔挣出八行十二行的诗句都是够艰难。——最近这几年生活不仅是极平凡，简直是到了枯窘的深处。"

1928 年 3 月 21 日，灵魂伴侣林徽因与梁思成结婚。

3.1928 年徐志摩重返康桥是为了重寻旧梦，排遣心中的苦闷。

1928 年给英国友人恩济之的一封信中说："我这一次故地重游，是带着再寻旧欢的痴想的。"

交流完这些有关诗人及其创作背景资料，我又展示了同学们预习时提及的几个问题：

为什么是"再别"康桥？上一次告别是在什么时候？为何"轻轻地来"又"轻轻地走"？"彩虹似的梦"指什么？为何要寻梦，寻什么梦？诗人想"放歌"，放什么歌，为什么连夏虫也为诗人沉默？作者十分留恋康桥，为何又"不带走一片云彩"？

同学们热情高涨，很快谈出了自己的理解。我又进一步提问：诗人艾青说："一首诗必须具有一种造型美；一首诗是一个心灵的活的雕塑。"结合我们交流的背景材料，大家探究一下，徐志摩仅仅是在与母校告别吗？

"诗歌是凝练的艺术"。如果孤立地让学生去阅读作品，不一定能深入把握诗歌内涵。我们要想真正读懂一首诗，还要学会知人论世。因学生对诗人当时的社会背景和其人其事有了较多把握，他们得出的多元化的结论也令人欣喜。有人说，诗人告别的是在母校学习期间美好的时光。有人说，诗人告别的是甜美的爱情。有人说，诗人告别的是集爱、美、自由于一体的人生理想。有人说，诗人告别的是集平等、博爱、自由于一体的社会理想。有人说，诗人告别的是"精神依恋之乡"。有人说，诗人告别的是美：美丽的人生境界。有人说，诗人告别的是"真我"。这些思考，不仅涉及生活、社会、文学、层面，甚至涉及美学、哲学层面，学生达到了"体悟"中"生成新的思想与新的情感"的境界，令我和全场听课老师都惊叹不已。

写读：会意表情

初读，美读，议读，参读，只是停留在思想意识层面上，不一定在学生头脑中留下深刻的记忆，因此，我安排了课外"写读"环节，激发学生对诗歌的兴趣和潜力，以期达到"会意表情"之效。

我给学生提供了几种"写读"的参考样式。

1. 以诗解诗。化用古代诗人的诗句，解读《再别康桥》。

如第 1 节，可用周邦彦《拜星月慢》中的"画图中、旧识春风面"以及李商隐《无题》中的"相见时难别亦难"来解读。

第 2~6 节，可用黄庭坚《喝火令》中的"烟水数年魂梦，何处可追寻?"或将崔护《题都城南庄》中的诗句化用为"人面不知何处去，金柳依旧夕照中"进行解读。

第 7 节，可将白居易《赋得古原草送别》诗句化用为"再别康桥去，凄凄满离情"进行解读。

2. 将诗歌内容转换为对联。

第 1 节"寂寂"对"轻轻"，第 2 节"波光艳影心头照"对"柳色残阳河畔依"，第 3 节"青荇摇底蕴"对"康河漾柔波"，第 4 节"一潭清泉榆荫下"对"半梦彩虹浮藻间"，第 5 节"一船好梦美"对"半夜欢歌稀"，第 6 节"往昔欢娱随日月"对"今宵沉默恨笙箫"，第 7 节"一天云彩"对"两袖风情"。

3. 将新诗改写成律诗或词。

如，《七律·再别康桥》："轻挥衣袖别西云，河畔柳柔波映人。泥上荇花游梦境，舟旁榆荫荡春心。长篙漫溯星歌放，短笛悠然月曲沉。回首今宵虫默语，离诗昨夜剑桥吟。"

《水调歌头·再别康桥》："又到康桥处，金柳夕阳照。温柔云彩召唤，泥软草轻摇。寻觅当年踪影，心底丝丝流动，迷醉伊人笑。水静羞颜里，愿化草青苗。徘徊踱，情留驻，路飘遥。池潭碧绿，揉碎虹梦万千条。只想放歌一曲，眉敛沉吟难语，回首望天霄。默默更凝重，离去笛音消……"

4. 选择喜欢的一两个诗段用散文化的语言再现志摩"心中美丽的康桥"。

如：黄昏中的夕阳真多情啊！为河边的柳树镀上了一层妩媚的金色。金色的柳条随风摇摆，姿态婀娜，影子映在清澈的水中，就像美艳的"新娘"，这波光里的艳影在康河的水波中荡漾，也在我的心头荡漾，如此美景我怎能离去！

5. 以告别母校为主题，或者选取一个最感动你的生活瞬间或细节，写一首小诗。

这节课，得到与会专家、同行、学生的一致好评，不少学生课后通过电子邮件与我交流，继续探讨《再别康桥》相关问题，有不少同学因学了这首诗后喜爱上徐志摩，喜欢上诗，甚至有同学找来《人间四月天》来看，这也许就是朱自清所说的"喜欢去读，读了之后还是喜欢"的境界吧。

（茹清平　特级教师）

"尝试抒情" 备教笔记

◎郑桂华

澳门大学向天屏、王志胜两位老师在做中小学写作教学研究，在项目的推进过程中，他们邀请我到澳门大学进行学术交流，其中一项工作就是课堂教学观摩。写作教学也是我近些年关注较多的领域，如果能在澳门的中学语文课上进行教学实践，对于我这样一个喜欢上课的老师来说，当然是一件有意思的事情。天屏老师与我商量教学内容时，很希望我教教抒情文的写作。我答应的时候是在年初，上课要到三月，原以为那么多的时间备一节课应该不会太困难，但是，实际备课过程，确实比较艰苦。

一、"抒情" 教学内容已有的探索非常有限

领受一项教学任务以后，通常我首先要做的一项事情是搜索以前在写作教学方面的经验，为接下来的教学设计提供借鉴。

我在中学担任过十六年语文教师，后来到高校后从事语文教育研究和语文教师教育，其中写作教学就是我重点关注的内容，写作教学内容的开发、写作教学过程化指导，并依据写作教学内容设计教学等方面，我都做

过一些尝试。我曾经先后在全国几十所学校执教写作研究课，执教过"写作中的读者意识""描写的奥妙""景物描写""人物语言描写""叙述一个曲折的故事""发散构思""类比法构思""打开联想之门""材料作文的审题""材料与观点一致""区分事实与观点""关键词与行文思路""议论文写作中核心概念的展开""议论文写作中概念的辨析"等，这些课分别探讨了"观察""描写""叙述""构思""论证""修改"等写作活动，但是，里面唯独没有"抒情"。我再去翻阅国内出版的几十种名师的课堂教学实录以及多部专门介绍写作教学经验的著作，也没有发现专门教"抒情"的内容。这是为什么？是抒情这种表达方式不重要，还是大家都把"抒情"给"集体遗忘"了呢？这无疑是值得思考的问题。

看第一个问题：在中学生的书面表达中，"抒情"应该居于怎样的地位，或者说，在中学生必备的表达能力中，"抒情"是否很重要？

这个问题的答案应该不难得到。首先，掌握语言工具的主要目的无非是更好地传情达意，语文课程标准中多次提到要引导学生"运用适当的表达方式表达真实感情"。大多数写作或语文学习的教科书，都把叙述、描写、议论、抒情和说明列为最常用的五种表达方式。例如高中课程标准就明确规定，学生需"进一步提高记叙、说明、描写、议论、抒情等基本表达能力"，这些都从理论上认可了"抒情"手法的学习价值。其次，在中学语文材料中，抒情散文的比例无疑是最高的，其中，有的版本的初中语文教材中的抒情散文接近全部教材篇目的一半，如果再考虑到议论文、新闻甚至小说中也有不少抒情句，涉及抒情的文章就更多了。教材选文是语言运用的范本，教材的选文取向，也从一个方面肯定了抒情方法的学习价值。第三，一些语文教材的写作训练任务，对"抒情"有明确的要求。例如《语文》七年级上册的写作任务，就有一个"写真话、抒真情"单元[1]。初中阶段所写的习作、初中中考的作文命题，初中生优秀作文选中优秀样本，也都以抒情散文为默认文体。这些都从实践上证明"抒情"在中学写作能力中具有的不可或缺的地位。

再看第二个问题：为什么没有关于"如何抒情"的教学实践。但这个问题的答案不太容易得出。的确，在近年介绍写作教学经验的文章和写作教学的实录中，我们能很容易地找到"怎样教叙述""怎样教描写""怎样议论"以及"怎样说明"的内容，却几乎看不到谈"怎样抒情"的内容。有限的抒情教学案例，也大多集中在告诉学生抒情分直接抒情和间接抒情等陈述性知识。造成这一现象的原因可能有以下几方面：

一是抒情方式没有相对应的特定文体。我们看，其他几种表达方式几乎都有相应的文体：即议论文主要方式是议论，记叙文的主要方式是记叙和描写，说明文的主要方式是说明，但很难说哪一种文体主要用抒情——诗歌大概算是专门抒发感情的一种文体吧，但很多诗歌里描写的成分一点也不比抒情少，因而很难说抒情专用于诗歌。实际情况是，议论中常常有抒情，描写中有抒情，甚至说明中也带感情，抒情方式夹杂在其他表达方法之中，往往成为一篇文章中的点缀。但中学的写作教学活动则往往是按"文体单位"来设计和组织，比如初中主要是记叙文，高中主要是议论文，没有专门的抒情文教学，抒情方式于是难以得到重视。19世纪30年代，胡怀琛先生曾经著有《抒情文作法》（1931年世界书局出版，2014年北京教育出版社再版），19世纪80年代，关尔东先生也有《怎样写抒情文》（上海教育出版社1982年出版）的小册子问世。但他们的探索后来均没有得到很好地传承。

第二，可能也是最关键的，是关于抒情的知识开发不够，缺乏具体而有操作性的抒情知识。

大家知道，在叙述、描写、议论，说明每一种表达方法之下，都有一些下位概念或具体知识作支撑，如叙述下的叙述人称、叙述的线索、叙述顺序、叙述模式；描写下的肖像描写、动作描写、语言描写、心理描写、环境描写、细节描写等，议论下的论点、论证、论据，立论、驳论；说明下的定义说明、数字说明、举例说明、比喻说明等。借助这些下位概念，教师能说得清，学生能看得懂，教学设计有抓手，写作训练就能起到立竿见影的效果。可是相对而言，人们对抒情的下位概念的认识研究显得比较薄弱。例如夏丏尊、刘薰宇《文章作法》（中华书局）中，分别列有"叙事文的要素""叙事文的主想""叙事文的观察点""观察点的变动""叙事文流动的终止""叙事文流动的顺逆"，却没有"抒情"一项。在陈望道的《文法简论》中，分列有"叙述句""描写句""诠释句""评议句"，唯独没有"抒情句"。夏丏尊、叶圣陶所编的《国文百八课》中提到了抒情，其第 30 篇文话"抒情的方式"指出，"抒情大概有两种方式，一种是明显的，一种是含蓄的"[2]，也就是后来说的"直接抒情"与"间接抒情"（借物抒情和托物言志），但显然，这里的抒情概念所描述的是抒情的大类或原则，而不是具体的可以操作的抒情之法，例如初中教材关于抒情的要求："怎样才能抒发真实的感情呢？关键是要写自己亲身经历的、感受的事，说发自内心的话。""此外，也要学习使用一些直接表达感情的词语或句子。[3]"

理论上具体的可操作的知识缺少，教师对抒情这一问题的认识无法细化，教学中自然也就难以具体。

二、我的备课及设计思路

明白了抒情写作教学的影响因素，我也就找到了这次教学设计的大体思路：一方面，要撇开具体文体的束缚，教学中应让学生直达"抒情"这一表达方式运用之根本。另一方面，收集以往人们对抒情这种表达方式的研究和认识，总结提炼一些能直接帮助学生学习抒情的具体做法。然后，寻找一种课堂教学的形式，把上面两个意图组织在一起。

可以选择的教学设计思路有以下几种：

思路1：介绍关于抒情知识、抒情方法；布置写作任务，要求学生运用这些策略完成一篇短文。再根据学生在抒情方面的写作表现，特别是写作中出现的问题，指导学生修改短文，达成写作知识和技能的掌握和巩固。很明显，这是传统的写作教学模式，即以写作知识引路，学生独立完成写作任务，教师点评，学生修改。其好处是教师的任务比较简单，教学过程相对容易控制，且每个学生都有相同的写作实践机会。但它的不足之处是十分明显的，即教师看到的是抒情写作的结果，对学生的写作过程缺少了解，因而缺乏具体有效的指导。

思路2：以语文教材为依托，选择教材篇目中那些精彩的抒情句子和抒情段落，鉴赏这些抒情名句、名篇，归纳成功的抒情句子、抒情段落所以成功的原因，再以此为基础模仿抒情写作。显然，这是一种读写结合的教学思路。该思路的优点是，通过典型句子、精彩段落乃至优秀范文的精细阅读所积累起来的写作范式，很可能会留存在学生的记忆中，从而对他的写作能力产生长期的影响。但是，这是一种熏陶式学习，要基于大量的阅读、长期的积累，才能对学习者的能力产生效用，而在一堂课的教学时间里，靠几个句子的赏析，让学生达到对抒情知识的默会，则几乎不可能有多少成效。

思路3：设计一个具体的抒情写作任务，让学生在完成任务的过程中展现在抒情方面的知识掌握程度和能力水平。教师针对学生的表现和普遍存在的问题，有重点有目的地做具体指导，争取使学生弄明白一点，再融会贯通，带动其他知识以及能力点的迁移。这是符合现代课程论的写作教学设计，而且很重要的一点是，整个教学过程能明示给来听课的近百名语文教师，这正是这次活动的举办方最希望看到的。

但是，这种教学设计的难度颇大。尤其这是我第一次到澳门上课，对澳门濠江中学初一学生的学习基础、学习习惯、思维方式、写作能力都不了解，甚至对我和学生之间能否流畅的沟通，心中都没有底。教学过程中肯定有许多不确定因素，教学活动能否顺利展开，教学效果有没有保证，存在不小的风险。但还好有一个有利条件，濠江中学初中使用的是国内人教版语文教材，学生对国内语文教学的基本模式应该不会太陌生。因此，虽然教学过程可能充满更多挑战，综合考虑下来，我还是打算按第三种思路设计教学任务。

但是，选择了这个设计思路，仅仅是为备这堂课定下了一个大致的方向，接下来还有许多细节有待落实。比如布置一个什么样的写作任务？重点落实哪几种关于抒情的方法？学习目标的难度如何确定？其中第一个问题最为关键，这是思考其他问题的前提。如果这个问题不落到实处，其他问题就无从回答。当时，有那么两三天的时间，我的脑海中反复思考着能适合作为写作任务的条件：

首先，必须有一个抒情的对象，最好应是让学生有深切感受、能激起他们情绪变化的，比如作者曾经参观过的一个著名景点、小时候的一段难忘的经历、当地的某个历史人物或名人，一件令人难忘的艺术作品等。对具体某一个学生来说，这类话题并不难找，但问题是，他们每一个人肯定会选择自己感兴趣的写作对象，因为写作内容上没有共性，写法上也不容易形成焦点，这当然不利于课堂教学的组织推进。

其次，必须是有焦点的，即曾经给全班大多数同学留下集体记忆的。

比如濠江中学校园里的景物、自己的任课老师；以班级形式组织或普遍参加的活动，如运动会、踏青、志愿者活动、当地的节日等。但是，这类题目的致命弱点是：我对这些内容并不熟悉，而如果教师缺乏必要的背景知识，教学中很难就学生的写作水平做出及时反应和恰当评价。因此，这也不是个好的写作任务。

第三，写作内容及抒情对象必须是教师也熟悉的内容。我想到了能否从学生学过的语文教材中选择一篇文章、一个人物、一个意象，比如朱自清的《背影》、鲁迅的《风筝》，或出示一幅带有情境的照片，学生由此出发写一段抒情性文字。这类内容无疑是我最熟悉的，驾驭起来自然容易得心应手，但是，教材中的人物、情境，距离学生的生活比较遥远，硬要他们抒一段情，多数学生很可能陷入无情可诉但又不得不诉，导致矫揉造作，这本身便是抒情的大忌讳。因此，这个设计也不能用。

就这样，几天里这些念头在我的脑海里反复闪现，直到上课的日子就要临近了，也还没有定下来。就在出发到澳门的前一天，我想，写好抒情的根本前提是真实，这是所有讨论抒情的人的共识。什么是真实？对于写作来说，首先是写作情境真实，然后才可能激发其真实的感情、真挚的表达，最后才是抒情的策略技巧的问题。这堂课的教学目标虽然强调抒情策略和技巧，但是，策略、技巧的教学还是应该基于根本原则。因此，这次我索性就用一个最平常的生活情境，即上课之前的"此时此地、此情此景"来设置写作任务。具体教学活动的流程如下：

1. 布置写作任务：以"3月12日上午10点18分，我的心情"为话题，要求学生写一段话来表达自己此时此地的情感。备课时并不能确定具体到哪一分钟，上课时根据当时的情况说明的，具体清晰的时间点容易带给学生对时间真实细微的感受。

2. 引导学生感受、分析同伴的习作，讨论这些句子中抒情的表现。

3. 从中归纳抒情表达方式的类型、抒情的运用要领和具体方法，将抒情知识具体化、操作化。

4. 依据总结的抒情原则和方法，对自己的作品作出诊断，集中修改一两处最有问题的句子，并作简单交流。

5. 布置课后作业：选择一篇自己喜欢的抒情散文，找出文章里的抒情句，并依据上课所学的知识作点评，并选择三到五句抒情效果不佳的句子提出修改意见。

说明：

1. 以上的诸项活动中，一二三是课堂上必做的活动，四五是备选的活动，可以留到课后自修。

2. 学生作品涉及的具体抒情技巧可能有很多，教学目的宜适当聚焦，不一定求全求多，也不是生硬地去介绍写作知识，而应根据学生习作中出现的现象进行归纳。备选的抒情策略、技能知识如下：

（1）运用褒贬色彩鲜明的词语抒情；

（2）在看似不动声色的叙述描写后借助感叹号、问号、省略号、破折号等标点符号抒情；

（3）句子的停顿，有意识变化句式来抒发情感；

（4）借助其他景物人事暗示自己的情绪情感；

（5）抒情主体对情感基调的把握、行文中的情感控制；

（6）动作神态的描写也可以抒发情感。

三、教学过程和结果

2016 年 3 月 12 日上午，我在澳门濠江中学执教初一六班的语文课——

尝试抒情，教学过程基本按照预先的设计展开。首先，我故意看一下手表，强调此时的时间为"3月12日上午10点18分"，请同学们感受一下坐在报告厅的舞台上准备学习写作时的心情，尝试用文字记录下来。我特点强调不限字数，不限形式，完全是自由写作。学生很快进入状态，写得很主动。

接着我请六个小组的同学交流各自的习作，推荐一篇代表作抄写到黑板上。这一个环节主要是没有实物投影，学生习作展示不方便。

下面是第二、第三部分中的两个教学片段。

【互评习作，发现习作中的抒情技巧】

师：我们接着往下看，第四组，2号作品！

生4：如果说今天的公开课会紧张，那倒是没有。如果说今天的公开课不紧张，那一定是谎言。可是我确实不紧张，也没有什么好紧张的。

师：大家发现，他用了什么样的一个句式？

生5：他这里用了对偶的手法。

师：从哪里看出？

生5：他说："如果说今天的公开课会紧张，那倒是没有。如果说今天的公开课不紧张，那一定是谎言。"因为我觉得这两句话有一点矛盾。而矛盾可能就会引起读者的注意。

师：讲得好吧？我给他一个感叹号了。他确实注意到语意的矛盾引起读者的兴趣。但是他前面讲对偶，其实并不算。但是可以算什么？整句，这个词学过吗？没有？它句式又没有对偶那么工整，宽泛一点就算整句。排比也可以算整句，排比是从修辞的角度讲，整句是从句式的角度讲。你看，这种句式是感染力很强的。

生6："我就像一只被野狼追逐的小鹿，十分的紧张和忐忑不安，生怕下一秒就被送入狼口。"第二句："落叶随风而舞，我随灯光而紧张。"

师：妙在何处？最后排的男孩子！

生7：他首先用一个比较生动的比喻，比喻自己是被狼追逐的一只小鹿，明确表明了自己十分紧张的心情。

师：被狼追逐的小鹿。喻体的选择非常精彩。大家不仅要记比喻，还要记下来这个喻体很有讲究。好，下面一句呢？妙在何处？

生8：他这里应该也是用了整句的方式，应该是借落叶来衬托出我此时的紧张，更表明了我既紧张又期待的心情。

师：讲得多好！他最妙的是一下子用上了我们刚学到的整句。他已经理解整句了。好，我们还有四位同学。从那边最开始，第五组，十三号同学！

生9："此刻，我的心情比较兴奋，因为可以学习到如何写抒情文。同时也比较紧张，因为这是一节公开课，台下有许多老师和同学看着我们上课，所以更加紧张。心情就像在海上航行的帆船一样摇摆不定。"

师：发现什么了？

生7：我觉得他最后一句写得特别好，因为他说"自己的心情就像在海上航行的帆船摇摆不定"。这证明他现在的心情十分紧张，情绪波动比较大。整个文章最好的我觉得就是这一句。

师：你为什么更喜欢这一处呢？

生7：前面的直接交代，如果我是读者的话感觉就没有那么吸引人。最后一句这里把自己的心情比喻成一个帆船，就比较吸引我的注意力。

师：帆船给你一种什么感觉？帆船在海上航行，而且是摇摆不定，一种什么感觉？是不是出现一种画面？请坐！相对于前面直接表达情感，这里用帆船来表达情感属于什么方法？间接抒情！直接把自己的情感说出来，叫直接抒情。

……

【总结回顾，明晰抒情的策略】

师：我们现在一起来回顾一下，直接抒情有哪些方法？是不是直接写心情？除此之外呢？我不直接写心情，我还有没有其他办法？我们前面提到句式，记不记得？你来回答。

生19：用感叹的句式。

师：除了感叹的句式还有什么？

生19：整句。

师：整句，还有什么？反问。其实这种语气也能够直接抒情，除了写心情之外，句式其实也能够传递出情绪来，尤其是感叹句，反问句。间接抒情，有哪些办法？你来说。

生20：间接抒情就是可以用比喻的手法。

师：还有吗？

生20：还有排比的句式。

师：排比，好的，还有吗？你来说！

生21：间接抒情还可以利用环境描写。

师：传递出一种情绪情感，还有没有？第二位同学。

生 22：除了环境描写，我觉得人物描写也可以体现出间接抒情。

师：对啊，肖像，动作，也能看得出。还有，表示时间可不可以？

生 22：可以，还有细节。

师：请坐。现在我想，其实还可以往下写，如果我们看一些这样的文章，有很多我们可以注意的地方。同学们，今天回去，能不能做这样一个作业呢？从课文里找点句子，看看它这些好句子是怎么抒情的。做一点整理，抄一抄，评一下。第二项作业，找一棵树，观察一下，感受一下，把你的心情表述出来。不要忘记了数一数你运用了哪些抒情方法。

四、教学反思

如何把写作知识转化为教学活动，用教学活动促成学生能力的发展，是写作教学的难点。这次教学活动的一个亮点是，我寻找到了一个比较合适的抒情起点。在对学生情况不熟悉、在有限的课堂教学时空中，如何快速地激发学生的情感体验，并引导他们将自己的体验抒发出来，是教学成功的关键。写作任务"3月12日上午10点18分，我的心情"，对时间的精确描述无疑带给学生比较强烈的震撼，聚焦此时此地此景，师生所有的人都置身其中，都会有所感触。实际教学中，每一个学生确实写出了自己的情感体验。而分享同伴在同一场合的不同感受，学生交流的兴趣会高得多，学习的参与度自然就高。

这次教学活动的另一个亮点是学生在分享同伴习作的精彩处这一过程中归纳抒情的技巧方法。写作技巧的学习属于程序性知识的学习，不能靠语文老师讲授一些所谓的知识，也不能靠老师提供一些典范的作品带着学生读读议议，而是一定需要学生亲历写或者修改等言语实践活动，这样对方法技巧的学习才有可能内化成为能力。

　　课后，澳门大学的向天屏老师组织大家研讨交流。培正中学的两位老师讲到学生学习抒情的方法是自然而然的，没有被老师牵着强迫着记住一些什么。这些方法又是特别好用的。她们表示回到自己的学校一定会尝试这样教学生。濠江中学的教务主任为学生在这么多观课老师面前主动写作、交流的状态感到高兴，为学生在课堂上获得实实在在的发展感到高兴。语文科组长表示这堂课学生学得积极，写作是在写真话抒真情，值得借鉴。也有老师谈到学生之间的合作开展得很好。我自己反思了教学的不足，主要是时间掌握得不好，一是学生上黑板写自己的习作片段用时较长，考虑到只是听同学朗读习作很难开展深入交流，所以抄到黑板上。二是最后请在台下旁听的七班三位同学分享学习收获，又用去较多时间，所以整节课拖堂了近十分钟。这是我第一次执教"尝试抒情"，以后有机会再次执教这一内容，我会准备好书写板，让师生的交流推进更紧凑，提高课堂的教学效率。

注释：

[1]　[3] 义务教育课程标准实验教科书《语文》七年级上，人民教育出版社 2013 年版 57 页。

[2] 夏丏尊、叶圣陶《文话七十二讲》，中华书局 2007 年版 59 页。

（郑桂华　特级教师）

《范进中举》备课手记

◎李卫东

2014年10月，成都的文小慧老师邀请我12月份去成都讲课，会议主题是"文学作品阅读教学操作指南"，分别邀请特级教师执教小说课、散文课、诗歌课等，探讨"如何统整教学目标、学情、教材三要素，将文学作品文本加工处理后转化为情境化、问题化、结构化的教学内容"等问题，给我分配的是小说教学。我已经有两三年不太外出借班上课了，但这次会议主题的设计吸引住了我，一年多以前我在《语文教学通讯》上发表过一篇研究小说教学的文章《今天怎样教小说——基于学科教学知识的视角》，曾经引起一些语文同行的关注，其中包括成都会议也要去讲课的几位老师，何不借这次会议拿出一节小说研究课，再次就教于语文同行呢？于是就答应了文老师的邀请。教学哪篇小说呢？我拿出人教版七上、八上、九上的教材，拉出小说的清单，经过一番比较，最终选择了《范进中举》，《范进中举》编在九上第五单元，12月份初应该不会学完。接下来，我正式开始了《范进中举》的备课之旅。

一篇文章

之所以选择《范进中举》，当然考虑到了教学进度，但更能促使我做出这个选择的可能还是孙绍振先生的那篇文章——《范进中举：双重的悲喜剧》。一年多前我写作《今天怎样教小说——基于学科教学知识的视角》时曾经引用过孙绍振先生介绍的一则资料：

明末高邮有袁体庵者，神医也。有举子举于乡，喜极发狂，笑不止。求体庵诊之。惊曰："疾不可为矣！不以旬数矣！子宜亟归，迟恐不及也。若道过镇江，必更求何氏诊之。"遂以一书寄何。其人至镇江而疾已愈，以书致何，何以书示其人，曰："某公喜极而狂。喜则心窍开张而不可复合，非药石之所能治也。故动以危苦之心，惧之以死，令其忧愁抑郁，则心窍闭。至镇江当已愈矣。"其人见之，北面再拜而去。吁！亦神矣。（李汉秋编《儒林外史研究资料》，上海古籍出版社，1984年，第170页）

孙绍振先生认为，清朝刘献廷的《广阳杂记》中的这段记载应该就是《范进中举》的原始素材。孙先生据此分析道："在《范进中举》中，吴敬梓把袁医生治病神效法门改为胡屠户的一记耳光。这说明，在医生看来最重要的东西（'你死定了'的恐吓），在文学家看来是要放弃的。吴敬梓借范进中举这样一个突发的事件，把人物打出常规，让人物本来潜在的情感，得以层层深入的显现，让读者看到，人物似乎变成了另外一个人，而这另外一个人和原来的那个人，恰恰混为一体，精神从表层到深层立体化。"当时我读到这则材料和孙先生的分析后，眼前为之一亮，多好的一则素材啊！要是提供给学生，让学生拿来与《范进中举》做比较，小说文体的"文学性"，这则小说文本的"形式"的独特意味不就抽丝剥茧般显现出来吗？

孙先生在《范进中举：双重的悲喜剧》一文中更为独到的是对未选入

课文的故事尾声的关注：接着又有许多人来送田产、送店房，甚至投身为奴仆的，两三个月之间，范进家里，不但陈设豪华，而且仆妇成群。他的母亲，还以为房子家具是从他人借用的，叮嘱家人不要弄坏了。当得知这一切都属于自己之时：

老太太听了，把细磁细碗盏和银镶的杯盘逐件看了一遍，哈哈大笑道："这都是我的了！"大笑一声，往后便跌倒。忽然痰涌上来，不省人事。

课文删掉、不予关注的，孙先生却挖掘出深刻的东西来："范母之死，可以说是神来之笔，把喜剧性发挥得淋漓尽致，是范进中举昏迷的高潮之后的又一高潮。这个经典片断因此就具有了双重高潮。难能可贵的是，这双重性，不仅仅是形式上的，而且是意味上的。第一度高潮，是单纯喜剧性的；第二度高潮，带来了一点悲剧的色彩。大喜付出大代价，幸运与代价成正比，使悲剧的死亡，变成可笑。由于悲喜的反差，更加显出喜剧的怪异。""我国古典悲剧大都受大团圆模式束缚，但是《范进中举》却对这个模式有所突破，悲喜交加，大喜大悲交织。可惜的是，这一点没有得到后来者，包括作家和评论家的充分珍视。我要说的是，事实上，这一点，连鲁迅都忽略了。但在文章里删节了。"之前阅读《范进中举》，我们可能都忽略掉了这个尾声，或者注意到了但也认同教材编者的删减。孙先生固执地把被遮蔽掉的"尾声"给捡回来了，而且捡回了被遗弃的价值！细细想一想，有这个"尾声"的关照和没有这个"尾声"的关照，"范进中举"这个文本所能触及的思想深度和广度会有质的区别。

孙先生的《范进中举：双重的悲喜剧》给我的启发还有很多，但最能触动我的还是对小说原始素材的发掘和对小说尾声的还原。虽然我为成都讲课再次进行的课文细读，没有什么特别的发现，却在玩味小说文本和咀嚼孙先生解读文章的交叉阅读中，对小说文体以及《范进中举》这个小说文本有了更深一层的把握。

一份调查

前面我说过，我已经有几年时间不太在外地借班上公开课了。表层的原因是我自 2008 年始做教研员，研究的重心有所变化，但这并不具有说服力，做教研员做些理论研究并不能脱离课堂教学，也应该不时上上公开课，找找感觉；深层的原因还是在于理念发生了一些变化。近几年，我和我的工作室的学员一起做课例研究，每学期学员都要上汇报课，我都要他们在备课过程中做两件扎实的"作业"——细致的文本解读报告和精准的学情分析报告。尤其是做学情分析报告，用自己的学生上课如此，借别人的班上课更应如此。因为只有摸清了学生初步感知学习材料的反应和表现，心里才有个底儿，才好确定教什么和怎么教。钱梦龙老师曾说："有时我借班上课，课前先让学生提出问题（通常要求学生制作问题卡片）。尽管我完全不熟悉学生，但只要一看问题的质量，对怎样教读就已经有了七分的把握。"他三十多年前借班执教《故乡》，该班学生在自读中总共提出 600 多个问题。他说："我备课的最后一道工序——确定教读内容及步骤，是在收看学生的问题以后开始的。第一步工作是筛选问题，这几乎是一项披沙拣金的工作，花了我一个多小时的时间。质量不高的问题很多，还有不少重复的，好在问题总数较多，经过大量淘汰，剩下的问题倒也颇有讨论的价值。第二步工作是按问题的内容和性质排定讨论的顺序，并估计学生讨论时可能出现的情况，初步考虑了应付的办法。"我很赞同钱老师的做法，通过收集学生问题掌握学情，在很大程度上就规避掉借班上课不了解学生的弊端。接下《范进中举》的公开课任务，我对主办方的要求就是烦请上课班级的语文老师组织学生自读，让同学们提出疑惑不解或者需要深入探讨的问题，收齐问题后转交我。

讲课前的头一天晚上到达成都后，我收到了学生的纸条。在我看来，来成都前重读《范进中举》，细读孙绍振先生文章及其他资料，是备课的准备阶段，而实质性备课的选择、筹划、调度是从收到学生的"问题条"之后才开始的。我共收到了 50 个同学的纸条，大多数同学提了两三个问题，问题质量参差不齐，我做了一个初步的分类：

一、大而泛的问题。如：作者写这篇小说的目的是什么？全文的线索是什么？文章的主题是什么？这样的问题套在哪篇文章上都可以，这一类的学生并不会提问题，语文学习的套路化痕迹较重。

二、具而微的问题。如：胡屠户上集去找范进，为什么"连斟两碗酒喝了"？"文曲星是打不得的……"，这段心理描写的作用？这类问题指向细节，且多聚焦人物的心理、语言等，多探讨"为什么这样写""这样写有什么作用"。

三、真而切的问题。如：范进为什么会疯，为什么只有打范进才能治他？胡屠户对范进的态度是怎样变化的，范进最后的结局是高兴还是不愉快？范进中举是喜剧还是悲剧？这类问题反映了学生阅读中的困惑和纠结，问题多指向文本的矛盾、裂缝处，牵连着文本深层意蕴。

四、态度不真诚的问题。如：范进大人一天杀 3 只猪，一年杀多少只猪？一只猪 3 文钱，问一年卖多少钱？五十个同学的纸条只有 7 个同学未署名，这是其中一个，问题中透出散漫和轻佻。像这样态度不真诚的同学虽然很少，但反映了一种学风，应予以注意。

经过统计、分类和比较，我决定重点处理第三类问题，原因：第三类问题最多，是真问题且指向文本最核心的内容；处理好第三类问题，第二类问题一般能迎刃而解；解决第三类问题，顺带也就对第一类问题作出解答，同时对如何提出有价值的问题给予点拨；第四类不具代表性，姑且搁置。第三类问题又重点解决两个问题：范进为什么会疯，为什么只有一个耳光才能治他？范进最后的结局是高兴还是不愉快，范进中举是喜剧还是悲剧？为什么选这两个问题而不是另外的问题呢？因为这两个问题指向了文本最为突出的特性，也是学生阅读文本最为纠结困惑之处。不理解为什么会疯、为什么靠打一巴掌才能治好，说明学生对文本的夸张、变形、反讽的文学特性缺少感知，习惯于从实用理性的角度做出解读；对究竟是悲剧还是喜剧的纠结，说明学生对喜剧、悲剧的形式特点和这篇文本的形式意味难于理解，这是个有难度的问题，却又是个引领学生最大限度读出文本价值的好问题。我心里清楚，仅凭学生提出的问题就做出归因分析，只能是凭借经验做出的判断，可能会与学生思维认知的实际状况有所出入。理想的做法是提供相关任务单和资料，让学生自读后，完成任务单并提交，教师批阅任务单，通过分析学生答题思路，由过程分析来判断学生的思维理解水平，进而选择需要解决的问题，拿出解决问题的方案。但由于借班上课的诸多不便，只好用"问题条"这种比较粗疏却也算有效的方式了。另外，之所以选择这两个问题，能从之前解读的资料（如孙绍振先生的文章）中得到学理的支撑，也是一个原因。

一个预案

一篇文章（文本素读、文献助读）加上一份调查（学情分析）孕育出了一个教学的预案。这个教学预案并非一个填得密密麻麻的教案，而是一个教学的框架，简单地概括就是：几个问题，一个流程，若干资料。内容都呈现在幻灯片上，如下所示：

问题：希望讲一讲古时候的科举制度。（黄琳洁）

资料：

正式考试 {
3. 殿试：进士（两月后）（直接做官，状元）
2. 会试：贡士（次年二月）
1. 乡试：举人（做官的资格）（三年一次）
}

初级考试 {
3. 科试：取得举人考试的资格（三年一次）
2. 岁试：秀才（县里每年一次）
1. 童试：儒生
}

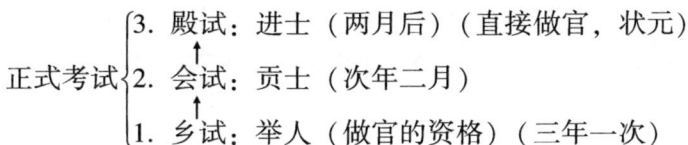

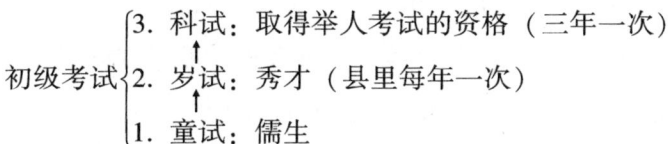

问题：范进中举后，为什么会疯呢，为什么只有打范进才能治他？（陈薏薏、杨睿雯、黄乔、安蔚涛、苏彦汐等同学）

资料（任务）1：

填入两个成语，把对联补充完整。

回忆去岁饥荒，五六七月间，柴米尽枯焦，贫无一寸铁，赊不得，欠不得，虽有近戚远亲，谁肯_____？

侥幸今朝科举，一二三场内，文章皆合适，中了五经魁，名也香，姓也香，不拘张三李四，都来_____。

资料（任务）2：

同样是治疯病，下列素材（有专家认为是"范进中举"的原始素材）与《范进中举》的治愈手段一样吗？文本传达出的东西一样吗？试做比较。

明末高邮有袁体庵者，神医也。有举子举于乡，喜极发狂，笑不止。求体庵诊之。惊曰："疾不可为矣！不以旬数矣！子宜亟归，迟恐不及也。若道过镇江，必更求何氏诊之。"遂以一书寄何。其人至镇江而疾已愈，以书致何，何以书示其人，曰："某公喜极而狂。喜则心窍开张而不可复合，非药石之所能治也。故动以危苦之心，惧之以死，令其忧愁抑郁，则心窍闭。至镇江当已愈矣。"其人见之，北面再拜而去。吁！亦神矣。

问题：范进最后的结局是高兴还是不愉快？范进中举是喜剧还是悲剧？范进中举的后续如何？（陈筱婧、王凌惠、卢浩云、程凯瑞、周恒至等同学）

资料（任务）1：

范进中举的故事本还有一个尾声：接着又有许多人来送田产、送店房，甚至投身为奴仆的，两三个月之间，范进家里，不但陈设豪华，而且仆妇成群。他的母亲，还以为房子家具是从他人借用的，叮嘱家人不要弄坏了。当得知这一切都属于自己之时：

> 老太太听了，把细磁细碗盏和银镶的杯盘逐件看了一遍，哈哈大笑道："这都是我的了！"大笑一声，往后便跌倒。忽然痰涌上来，不省人事。

资料（任务）2：

悲剧是将人生的有价值的东西毁灭给人看，喜剧是将那无价值的撕破给人看！——鲁迅

为什么这样安排解决问题的进程，三个问题解决的顺序能否调整？显然不能调整，由了解科举背景到分析范进疯癫原因到探究小说现实意义，由浅入深，由简单到复杂，符合学生阅读认知的规律。三个问题形成逻辑关联，渐次展开，是在教学生如何阅读一个文本。如果不把学生提出的问题重新组织，而是随意讨论，就是在孤立地解决一个个问题，是碎片化的学习，不利于学生知识能力的整体建构。第一个问题是铺垫性的，一般性介绍即可。第二个问题拟进行开放性讨论，在讨论中引导学生对比分析胡

屠户等人前后迥异的态度，把握小说主题。填成语补对联（从互联网上搜到），相机嵌入课堂。在此基础上，再讨论"为什么只有打范进才能治他"这个有难度的问题，化解难点的策略之一就是引入孙绍振先生提供的原始素材，做点"还原比较"，帮助于学生领会小说夸张变形手法的艺术特性。解决第三个问题，也拟让学生先充分言说，再视时机引入小说原尾声，组织学生讨论：尾声删掉好还是不删掉好？事实上，正如孙绍振先生所分析，有了小说的尾声，有了范母戏剧性之死，才平添一抹悲的色彩，才构成悲与喜的张力，更加冲击人的心灵，唤起读者一丝同情，也会促使读者反问：我们的身上有无范进、范母的影子？如果删掉尾声，可能只是强化种种"丑态"，强化"将那无价值的撕破给人看"，更是一出鞭挞、讽刺的"喜剧"了。学生可能不会一时理解到孙绍振所说的"双重悲喜剧"的层次，但通过还原小说尾声，让学生比较辨析，让学生对小说的理解深度再往前努一小步，是我们应持的教学期待。当然，以上都是预案，学生会有怎样的反应，哪些资料会用上哪些用不上，还要在课堂上随机应对。

一处调整

头天晚上做好预案及幻灯片，已入子夜，有点兴奋，迷迷瞪瞪中睡去。次日凌晨醒来，忽然想到：为什么那么多学生不明白范进为什么疯？究竟什么是"疯"？此前读《范进中举》，我自己可从未觉得"疯"是一个问题，学生为什么会觉得"疯"是一个问题？只是开放性地让学生讨论，他们能化解这个疑问吗？我于是想穷究"疯"这个词眼的意味了。我打开手机百度，查阅"疯子"词条，摘录有关内容如下：

疯子：精神病的名称，主要是一组以表现在行为、心理活动上的紊乱为主的神经系统疾病。目前研究所得到的结果认为主要是由于家庭、社会环境等外在原因，和患者自身的生理遗传因素、神经生化因素等内在原因相互作用所导致的心理活动、行为，及其神经系统功能紊乱为主要特征的病症。

心理学家认为矛盾、危机、紧张和创伤可能会导致心理疾病，特别是在一个容易受伤的人身上。

社会学家亦认为重大事件和情境会导致心理疾病。

这个词条的内容触发了我的灵感：何不让学生据此线索为范进的"疯病"做一个会诊呢？于是我把以上词条内容做成幻灯片，然后附上一条任务：假设你就是医生，抛除生理遗传因素，请主要从家庭、社会等因素诊断范进发疯的病因。为什么想到引入这个词条的内容呢？不是仅仅为了好玩，而是为了帮助学生更好地解决问题：一是提供了问题解决的框架，提示了问题解决的思维路径，从家庭、社会等因素入手，自然就会触及对胡屠户等人前后的对比描写，更关键的是明了这些对比和反差背后的意味；二是设置了情境，设定了医生的角色和诊断的任务，以情境和任务驱动学生更加主动地去发现和探究。此前设计中让学生一般性地讨论"为什么会疯"，不是不可以，但有些干硬，也容易导致课堂讨论的散乱和效益上的浪费；对对联的资料，导引的痕迹又过重，用在学生探究原因之后再来加深、巩固认识，效果更好一些。引入"疯子"词条内容，为学生提供一个问题解决的"支架"，更易引发学生的兴致，更能给学生思维方法的启迪。

改毕幻灯片，距离上课还有一小时，我颇有些兴奋，同时对上好这节课也充满了更多的自信。

一首小诗

上课了。引入"疯子"的词条内容，让学生扮演角色完成任务，效果果然不错，课堂讨论不蔓不枝，直指文本几处精彩的对比描写做人物心理分析。原始素材的引入也促进了学生的深入思考，在学生还原比较的基础上，我做了点提炼和升华，强调胡屠户的一巴掌是夸张变形的一巴掌，打出了人物心灵深处的萎缩和丑陋；是文学的一巴掌，极具讽刺的意味和刺穿的力量。课上我一时兴起，还让一个学生在黑板上画出一个巴掌的图形，意在让学生加深对这一文学性巴掌的认知。对悲剧和喜剧的讨论，出现了意料之中的纠缠，有同学从小说的意义角度认为是社会的悲剧、人生的悲剧，有同学从夸张、讽刺等艺术表现形式的角度认为是喜剧。而引入小说原尾声，多数同学认为不应该删去，理由诸如增强讽刺的力量，小说更有内容表现的广度了等等，同学们的讨论很热烈，我最后借孙绍振先生的观点，对这个文本的双重悲喜剧的特性做了一点阐释。应该说，同学们对于悲喜剧的理解不那么单一了，思考深入了一层。课上完后，在返回北京的航班上，我意犹未尽，随手在报纸上编了一首小诗：

    神奇的巴掌
        ——读《范进中举》

    一只粗茧峥嵘的肉掌
    混着猪油味，酒精气
    凌空抡去
    向着老书生嶙峋的脸

    屠户的脸肿胀隆起
    菲利普夫妇的脸隆起

奥楚蔑洛夫的脸隆起

鲁镇酒店看客的脸隆起

炸开五色的彩，五色的声

那手掌冲破屏幕

从清王朝走来

从十八世纪法国走来

从沙皇俄国走来

无限伸长，放大

向着二十一世纪中国语文《范进中举》的课堂

满座皆惊

耳畔生风，凛然作冷

　　我有一个为所教课文写课本诗的习惯，备课、教课过程中，偶有触发，落笔成句，写作倾吐的过程也是深入阅读理解的过程。有时写在课前，还用到课堂上；有时写在课后，是反刍和进一步的消化。我向来以为，备课不只在课前，也发生在课中，延续到课后，备课始终在进行时。苏霍姆林斯基在《给教师的建议》中曾讲过一个故事：一个有 30 年教龄的老历史教师上了一节公开课，很成功。课后，一个青年教师追着这位老历史教师走出教室，好奇地问：老师，您这节课上得这么成功，您花了多长时间备的课啊？那位老历史教师说：我用了终生时间来备这节课，不过现场准备这节课只用了 15 分钟的时间。这位老历史教师是故弄玄虚吗？不是，他是积 30 年的教学经验做出了真诚的回答。对于我们语文教师来说，更需以终生备课的态度执业从教，终生与书籍为伴，终生以学生为友，不断累积语文学科知识，累积关于学生的、学情的知识，这样我们的课堂才能充满创造的活力，我们的语文教育生涯才能更加充盈而有意义。

（李卫东　北京教育科学研究院）

《沁园春·雪》备教手记

◎程少堂

　　我的所有公开课，包括《沁园春·雪》一课的教学设计，都是在听一线教师的课，思想跑野马时构思成的。

　　2012年9月，我应邀在南充"解读课标修订引领现代课堂——全国教育名家课堂教学观摩研讨会"讲公开课《沁园春·雪》。此课的构思，是早就有的。上课前，我写过一篇题为《把一个图书馆某种书借光的味道真好》的随笔，介绍了备课过程。全文如下：

　　先破题。题目中的"借光"，不是礼貌用语的"借光"，不是"匡衡凿壁借光"的"借光"，而是说把一个图书馆的某类图书全都借出来了。

　　你体会过这种借光的感觉吗？

　　当然，说"借光"，实际上是指书架上放着的同主题书籍。不排除少数借出去了。

　　昨天准备会议，感觉很累。下午下班回来，没有吃饭，和衣而卧。后被女儿电话叫醒，她在悉尼批评我为何不回复她的微信。我以为到了半夜，结果一看表，晚上九点。我告诉她，你老爹今天准备会议，累了，下班回来没吃饭就睡觉了，下午主持开会，手机断网，因此不能接收微信。接完女儿电话，冲个凉，喝杯酸奶，可持续发展地睡。今天上午十点左右起来，吃了两个茶叶蛋，又蒸了一个花卷，喝了半斤酸奶，饭后，喝了一杯竹叶青绿茶。茶后，开车到深圳大学城图书馆。要讲《沁园春·雪》，想看看这家图书馆有哪些有关的书籍。

有 22 公里远。

到图书馆后，直奔有关毛泽东诗词的书架，一共找到 20 本我家里没有的有关毛泽东诗词欣赏研究方面的书（我家里有 13 本，其中有好几本这个图书馆没有）。这些书，我估计一般大学生中学生不大看（也许个别学生由于研究需要或个人爱好会看）。中学语文教师倒是有需要看的，但深圳市中学语文教师大约绝不会有人开车到这个图书馆（或学校以外的其他图书馆）来借这些书。你要是找到一个深圳语文教师会由于备课需要而到市里图书馆去借有关书籍，我从地王大厦顶上跳下来两次给你看。

很高兴找到 20 本书。而且这 20 本书全在一处放着。于是全部抱到读者座位翻看。打算都借回。可是，我的借书卡，是该图书馆主动优惠赠送（该馆专门给深圳市"高层次人才"免费赠送的"鸿儒卡"借书卡），每次只能借 20 本书。而我一直把以前借的《镜与灯——浪漫主义文论及批评传统》续借留在手上（这本书我一直想买但未买到，可是我目前需要参考这本书），因此这次只能借 19 本。想想也好，那今天就在图书馆看完一本再回去。于是，拿起贺敬之当顾问、刘建屏主编的《新编毛泽东诗词鉴赏》（江苏凤凰传媒集团 2010 年 3 月第 2 版）细看起来。毛主席诗词，我们这代人太熟悉了，当时发表了的，我们小时候全部背过，因此我只用了四五个小时，就将这本书翻了个大概，还做了一点笔记。坚持看完这本书再回家，原因有二。一是，想体会一次"竭泽而渔"的特殊快感。中国学术界，自古以来常用"竭泽而渔",来形容有些学者做学问搜集资料时的"资料狂"状态,并以此表示对这种状态的激赏之情。我这次的行为庶几类似,只是我是"借光上课"。我担心如果这次不看完这本书,下次来借也许借不到,那就不"圆满",不算"借光"。因此决定今天就地解决一本,把它就地解决了,就等于把这个图书馆中的有关毛泽东诗词的研究著作都"借来"看了,这样,就是下次来借而借不到,也不会遗憾。二是,为了重温一下在图书馆坐下来看书的味道。

那味道真美。

上次在图书馆坐下来长时间看书,还是20多年前的事了。那时在华中师范大学念研究生,天天吃完饭就去泡图书馆看书写东西。1992年底研究生毕业以后,在珠海一所层次不高的高校工作了7个年头。那所学校图书馆,书的数量既少,质量亦差,因此我很少去借书,从没有在那个学校图书馆坐下来读四五个小时的书,更没有在学校以外的图书馆坐下看过书,总是借完书就走人。今天,在深圳大学城图书馆一气坐了四五个小时,快速读完一本书。这个图书馆,周边环境好,空气清新,图书馆里面人不多,座位相当充裕,很安静很安静。真是天堂。

《沁园春·雪》这课,原本去年(2011年)就已答应某单位邀请,今年3月在南京讲的,主办单位广告都打出去了,深圳市南山区有几位老师看见广告后,竟专程跑去南京要听我这一课。可是讲课当天到会场,打电话给我,才得知我没有去成。我说别遗憾别遗憾,只要我不死,总能听到我这一课。

去年就答应要讲,可见至少大致讲法,早就在心里埋着。

我要讲的《沁园春·雪》这一课,对文本的理解,有独创的方面。独创到何种程度呢?这么说吧,大约的确全中国所有语文教师都没有这样理解过这首词，甚至所有研究毛泽东诗词的专著都没有这种理解。这种独创，也并不是我在看这些研究毛泽东诗词的书之后才有的，或引发的。事实上，今天借回的这些书我还没有看。但我敢断定，这些书中不会有类似我的理解的观点。已经看过的我自己书架上的有关毛泽东诗词研究的书籍，也没有这种理解。我是特别喜欢这首词，经常琢磨它，还下载了多位歌唱家演唱的《沁园春·雪》在手机上，经常听这些歌曲，边听边跟着哼。喜欢久了，琢磨久了，于是意思就来了，或者说灵感忽然就来了。这正是我以前的文章引用过一个作家所描述过的情形："要想让一个东西有意思，只需久久地望着它……"但是，我对《沁园春·雪》的理解不仅一点都不怪异，而且合情合理，你要是听了我的阐释，说不定你会认为，我的理解，即使不是最好的，也应该是蛮有意思的一种理解。

究竟是如何理解《沁园春·雪》的呢？暂时保密。

不过，去年9月，我在深圳一所市直属高中听课，课后和该校语文组评课交流时，曾详细阐述过春节后我将要在南京讲的《沁园春·雪》一课的新思路。我一讲完，该校一位很有个性的特级教师马上激动地发言："从程老师的发言中我们最应该学习的是什么？是思路，是思维方法，是'既要就语文教语文，又要跳出语文讲语文'的思维方法"。我觉得这位特级教师很敏锐，他的概括很好，好就好在把语文味教学法的精髓概括得很准确。

朋友们，读书啊！读书也就是一种特别的"借光"——也就是借伟人、名家的思想与智慧之光，以照亮自己的人生。

2012 年 9 月 1 日

下面是我为准备《沁园春·雪》一课阅读的主要参考书：

(1)（日）竹内实：《竹内实文集第一卷·回忆与思考》，中国文联出版社。作者是日本"中国学"研究第一人，世界著名的毛泽东研究专家。本书有多篇文章研究毛泽东思想。（2）（日）竹内实：《竹内实文集第二卷·中国现代文学评说》，中国文联出版社。（3）（日）竹内实：《竹内实文集第三卷·毛泽东的诗与人生》，中国文联出版社。（4）（日）竹内实：《竹内实文集第八卷·比较文学与文化研究》，中国文联出版社。本书倒数第二篇文章为《毛泽东诗词的哲理性和抒情性》。（5）（日）竹内实：《竹内实文集第十卷·中国文化传统探究》，中国文联出版社。本书有多篇文章研究毛泽东思想。我讲《沁园春·雪》，其中毛泽东思想之重视主观能动性，来自本书研究《矛盾论》的启发。（6）逄先知、金冲及主编：《毛泽东传 1949-1976》（上、下），中央文献出版社。（7）逄先知：《毛泽东传 1893-1949》，中央文献出版社。（8）张育仁：《鲲鹏之梦——毛泽东诗化哲学评传》，沈阳出版社。这本书写得很好！非常好！（9）李鹏程：《毛泽东与中国文化》，人民出版社。（10）何显明：《超越与回归——毛泽东的心路历程》，学林出版社。（11）（美）斯图尔特·施拉姆：《毛泽东》，红旗出版社。（12）（英）迪克·威尔孙：《毛泽东》，中央文献出版社。（13）（英）菲利普·肖特：《毛泽东传》，中国青年出版社。（14）（美）斯图尔特·施拉姆：《毛泽东的思想》，中国人民大学出版社。用一个通宵看完这本书后，我坚定了按我的灵感思路教学的决心。（15）（美）斯诺：《毛泽东自传》，解放军文艺书版社2001年9月版。（16）冯友兰：《中国现代哲学史》，广东人民出版社。本书中冯友兰对毛泽东的著名评价，我搬上了课件PPT。（17）公木：《毛泽东诗词鉴赏》，长春出版社。（18）公木：《毛泽东诗词鉴赏》（珍藏版），长春出版社。（19）吴振华：《李商隐诗歌艺术研究》，安徽人民出版社。这是我从卓越网新近购得的书，翻阅时发现是一篇硕士论文扩展而成，主要内容是研究李商隐诗歌的虚词艺术。看完此书，我决定把《沁园春·雪》的虚词作为一个教学点。（20）缪钺：《诗词散论》，陕西师大出版社。（21）缪钺：《古典文学论丛》，浙江大学出版社。（22）曾大兴：《词学的星空——20世纪词学名家传》，河北人民出版社。（23）曾大兴：《20世纪词学名家研究》，中华书局。这两本书中介绍20世纪词学大家关于既要"词内看词"，又要"词外看词"的方法，印证了我"既要就语文教语文，又要跳出语文教语文"的方法的正确性。（24）田克勤主编：《毛泽东思想概论》，高等教育出版社。（25）丁俊萍：《毛泽东思想概论》，华中师范大学出版社。（26）周振甫：《毛泽东诗词欣赏》，中华书局。本书是国内学者写得最有学问的毛泽东诗词赏析专著之一。（27）吴海坤：《毛泽东与姓名艺术》，人民出版社。此书有趣。（28）杨英健：《跟毛泽东学写作》，中央文献出版社。（29）唐得阳：《毛泽东的伟人气质》，中央文献出版社。（30）朱向前主编：《毛泽东诗词的另一种读法》，人民出版社。本书的写法和结构，是国内学者写的毛诗词赏析书籍中最有个性的一本。（31）王灿楣：《毛泽东诗词与时代风云》，湖南人民出版社。（32）胡国强主编：《毛泽东诗词疏证》，西南师范大学出版社。（33）徐四海：《毛泽东诗词鉴赏》，云南人民出版社。（34）万应均：《毛泽东书法鉴赏》，湖南人民出版社。（35）张义方：《不朽的诗篇——毛泽东诗词赏析》，西南财经大学出版社。（36）丁三省：《毛泽东诗词精读》，文化艺术出版社。（37）董克恭：《毛泽东修改诗词赏析》，中国文史出版社。（38）蔡清富等：《毛泽东五诗词大观》，四川出版集团。（39）郭思敏主编：《毛泽东诗词辨析》，中央文献出版社。（40）胡为雄：《毛泽东诗赋人生》，中央党校出版社。（41）龙剑宇等：《毛泽东的诗词人生》，中央文献出版社。（42）季世昌等：《独领风骚——毛泽东诗词欣赏》，社会科学文献出版社。（43）罗胸怀：《毛泽东诗词传奇》，新华出版社。（44）刘健屏主编：《新编毛泽东诗词鉴赏》，凤凰传媒集团。以上 1~23 种为自购书，其余是从图书馆借阅的。

虽然在我阅读的所有书中，都没有见到与我对《沁园春·雪》的解读相同的见解，但我还是要感谢这些书给了我不少启发。尤其是国外学者的书，给我启发更多。国内学者的书，对我有启发的主要是研究毛泽东文化性格和文化悲剧的书。至于国内学者写的毛泽东诗词赏析书，读多了，就发现好的不多，有的书满纸都是陈词滥调，抄袭成风，且搞不清谁抄袭谁。

像这样，50 本著作一堂课的例子不仅于此。2011 年 12 月 20 日，我应广东省教研室邀请，在广州面向全省 1200 多位中学语文教师主讲的大型展示课《〈锦瑟〉：中国诗歌美的"四个代表"——和同学们一起聊"天下第一朦胧诗"》，也参阅了 50 多本书。像我这样为准备一节课读这么多书，国内语文界怕不作第二人想。但有志向的年轻教师，不妨一年或两年，照着这方法讲一课，简单地说就是为准备一堂公开课，阅读几十本书。这样讲一堂公开课，等于重读一次大学。在你教学生涯的早期或中期，你这样做三五堂课，你的业务素质和功底，一定会有惊人的提高，到时你想平庸都难。

语文味是我的生命形式。语文味教学法要求把教学主体的生命体验和文本主题相熔铸，打造出既来自课文主题，又大于、高于课文主题的新的教学主题。我把对毛泽东文化魅力的敬仰，对毛泽东英雄悲剧的惋惜，以及从中国共产党领导的中国革命由于有了农村革命根据地，因此在敌人的封锁围剿中能够逐步发展壮大的曲折经历的重温中，更加坚定了对语文味理论与实践探索的意志与信心，融入教学过程，在此基础上形成新的教学主题。因此教学具备语文味教学法独有的表现性，即抒情的感人的力量。这样的教学就不是冷的教学，而是有温度的教学。现场听课的老师会发现，我讲这首词，有些地方讲得慷慨激昂，因为我是借讲这首词讲自己。我讲《沁园春·雪》，实际上是在用心吟唱语文味理论与实践探索从当年的星星之火，到今天的烈烈燎原的悠悠心曲。根据这个新的教学主题，我把《沁园春·雪》一课的课题确定为"毛泽东的文化魅力与英雄悲剧——毛泽东〈沁园春·雪〉之文化密码解析"。我知道，再多的参考书中，也不会有我这种对《沁园春·雪》的渗透生命体验的解读。我的教学思路，仍然是根据语文味教学法之"一语三文"教学模式确定的，即从"语言文字—文章—文学—文化"四个要素、四个层面对这首词进行教学。这四个要素既是内容性的，也是程序性的，且这四个要素的关系是并列中有层进。其中，语言文字教学是基点和中心点，文章教学是重点，文学教学是美点，文化教学是亮点。前三个环节是"词内看词"，即所谓"就语文教语文"；文化环节是"词外看词"，即所谓"跳出语文教语文"。其中最新颖之处在文化环节，即通过《沁园春·雪》看毛泽东思想，看毛泽东的成功与失败的深层文化原因。

无论是 2012 年 9 月我在南充讲了 120 分钟的《沁园春·雪》，还是 2012 年 11 月我在深圳讲的虽不到 40 分钟然而气氛和效果反而更好的《沁园春·雪》，其宏观设计是一样的。整体思路如下：

【暖场】1. 教师激情演唱马玉涛《沁园春·雪》开头片断。2. 介绍作者生平：毛泽东经历简介——欣赏毛泽东年轻时的酷照（斯诺照）——欣赏毛泽东晚年画像（光芒万丈"人民万岁"）——欣赏毛体书法——读毛泽东最壮志气的经典语录——听一首全国人民都知道的歌《东方红》。

主要教学过程如下：

（一）读（感受语言文字之美）——跟毛泽东学习用字

1. 字形美：写景用字独特（北国、千里、万里、长城、莽莽、大河、滔滔、天公、高等）。

2. 字音美：以"朝"的读音为例。

（二）析（领略文章之美）——跟毛泽东学习景物描写

（三）品（揣摩文学之美）——跟毛泽东学习妙用实词和虚词

（1）实词：文采、风骚、风流，位置不能互换。

（2）虚词：毛泽东诗词使用虚词的成就很高，请你从课文中的虚词中选择一例，略作赏析。

（四）探（探究毛泽东成与败的文化密码）

1. 上片写景，写的是农村风光还是城市风光？毛泽东在这首词中为什么不写城市风光？（明确：毛泽东认为中国革命的主要问题是农村问题，他当时的主要注意力都集中在农村。农村包围城市是毛泽东思想的主要内容之一。）

2. 下片毛泽东评点了历史上五位杰出的皇帝，既说他们"略输""稍逊""只识"，一介武夫，那为何作者不写文采一流的南唐李后主，就是写"一江春水向东流"的那个皇帝呢？（明确：强调文治武功，但五个皇帝有四个是开国皇帝，主要是对武装夺取政权的肯定。"枪杆子里面出政权"是毛泽东思想的另一重要内容。）

课后，三位专家进行了评课。

广东省高中语文教研员王土荣老师评课认为，这节课知人论世，是一堂有思想深度、有个人体悟而富有启发性的课，值得老师们好好品味。王老师指出，我们不一定能上出这样的课，但这节课可以给我们许多思考。程老师自己就是最好的教学资源，他激情饱满，精力充沛，教学语言富有鼓动性与幽默感。这节课是用大学的眼光来上的。从这堂课我们看到了一位很有思考深度、充满个性的学者教学之魅力。

《语文月刊》主编、华南师范大学陈建伟教授指出，这堂课给了我们许多新的启示，中国人读文章讲究知人论世，但少堂这堂课的构建是"以文知人"，带领学生通过《沁园春·雪》这首词，去了解毛泽东这个人，了解毛泽东的思想核心。在这堂课里，教师力图用自己的幽默来调整和学生之间的关系，使学生敢于阅读，敢于表现。这样的幽默、丰富、和谐、深邃、高雅，正是构成语文味课堂教学审美体系的要件。陈教授强调，从"一语三文"教学模式看，语文味教学是一种既有高端的营造，又有根本的追求，因而可以普及的理论与实践；"一语三文"既是教语文的一种顺序，也是学语文的一种顺序，既清晰，又现代派。

《语文教学通讯·初中刊》主编刘远老师听完这堂课，激动地用"震撼"两个字来概括自己的感受。刘老师指出，这是一堂非常厚重、非常厚实的课，超越了任何语文教师课堂上所生成和所呈现的对《沁园春·雪》文本内涵的挖掘，因而听完觉得非常震撼。刘老师说，这堂课充分地考虑了作为公开课、观摩课中的学生和听课老师两类受众的需求，在发展学生的同时，给听课的老师提供了一个很好的解读文本以及进行课堂教学的视角，也就是省教研员王老师所说的"知人论世"，陈建伟教授所概括的"以文识人"。刘老师认为，这样的一堂课是在座的任何一位老师都上不出来，也是任何一位老师都无法模仿的，只有教学境界达到比较成熟阶段的老师，人生阅历和已有的知识积淀达到很高层次的老师，才会上出这样的课。

著名思想家帕斯卡尔在《思想录》中有一句大意如此的名言："人的伟大在于它是一根会思想的苇草。"但环顾四周，看看当下中国语文界，是否可以说，没有思想的芦苇，包括没有思想的名芦苇，太多了一点呢？中国当下语文教学的主要问题之一，是教学普遍在平面滑行，缺少深度与思想，缺少智慧含量。许多一线教师，喜欢听完一堂课，不需要读什么书，也不需要动什么脑子，就能很轻易地照搬到自己课堂上去的教学法。这当然有相当大的合理性，就像在信息时代，我们大家都喜欢使用傻瓜相机般操作简单的电器一样。但使用教学法和日常操作电器毕竟不同。长期使用不需要读书、不需要动脑子的傻瓜式教学法，学生会越学越蠢，教师也会越教越蠢。而语文味教学法是要求教师既要就语文教语文，又要跳出语文教语文的教学法，是能使学生和教师的智商、情商都得到发展的教学法，是能够引导语文教师教有思想的语文的教学法，因而从长远说，也是解放语文、解放语文教师的语文教学法。

行文到此，我想起帕斯卡尔在《思想录》中说过的另一句很深刻的话："轻视哲学才能成为真正的哲学家。"从这句话我想到语文。我用下面这句话来结束我这篇手记：

"轻视语文，才能成为真正的语文教育家。"

（程少堂　特级教师）

撕开现象的黑云

——《雷雨》备教手记

◎熊芳芳

2013 年 10 月，广州市骨干教师每人要到对口支援学校讲一节示范课，我被安排在从化中学。根据教学进度，我选择了经典篇目《雷雨》。

这一课，2004 年的时候，我在华中师范大学第一附属中学也讲过公开课。时隔十年，对人生，对人性，对爱情，对婚姻，对社会，对阶层，对理想，对现实，对价值，对信仰，我的看法早已有了本质的不同。再读《雷雨》，人生的真相便如一幅画卷在我眼前历历展开。

教材是节选，但我打算对学生做整本书的导读教学。我希望他们能够从整体上去了解这部天才的作品，即使一节课只能浮光掠影，我也希望能够激发他们对这部作品的兴趣，课后自己去深入阅读。

这样的定位让我在设计教学时感觉有些艰难。45 分钟里需要传递的信息很多，但可以传递的内容有限。什么是最重要的？必须有所取舍。

做取舍有个前提，那就是要有一个做取舍的标准。解读一个文本，准备向一个文本下手的时候，我会首先看它是什么性质的。就如同一个雕刻家，对于他面前的那个原材料，他需要首先了解这是一块石头？木头？金属？还是玉？抑或果核或者头发丝儿？不同性质的材料，需要不同的工具和手法。解读文本也是如此。文体不同，教学的侧重点不同，教学方法也有不同。

《雷雨》是剧本。剧本就是戏剧的脚本。

戏剧人类学认为：戏剧不仅仅只是审美，它被人类创造出来时，首先是为了自己生命的需要。古希腊的《酒神祭》就是为了人的生产和农作物的生产丰收而举行的祭祀仪式，这是一种生活的需要；人类的情感要表达，要宣泄，要交流，要调节，也就需要艺术，这是一种生命的需要。

《雷雨》显然是一个悲剧。

雪莱说过一句话："最动听的歌讲述的是最悲哀的内容。"似乎越是悲哀的内容，越是动听，越是打动人心。悲剧的审美力量似乎比喜剧更强。

然后，无论是悲剧喜剧还是后来出现的正剧（法国思想家狄德罗和剧作家博马舍称之为"严肃剧"），都需要有集中尖锐的戏剧冲突。

戏剧冲突是戏剧文学最基本的审美特征。伏尔泰认为，每一场戏必须表现一次争斗；黑格尔把"各种目的和性格的冲突"看作是戏剧的"中心问题"；在中国戏剧理论和批评中长期流行着一种说法：没有冲突就没有戏剧。

戏剧冲突在戏剧文学中一般有这样几种类型：1. 主人公与自然力量之间；2. 主人公与其他人物之间；3. 主人公与社会力量之间；4. 人物自己内心世界中两种矛盾力量之间的斗争。

对于剧本来说，戏剧冲突主要靠台词来呈现和推动。

戏剧的台词一般包括对白、独白和旁白。有时候人物还会使用潜台词。譬如：

鲁：（泪满眼）我——我只要见见我的萍儿。

朴：你想见他？

鲁：嗯，他在哪儿？

朴：他现在在楼上陪着他的母亲看病。我叫他，他就可以下来见你。不过是——

鲁：不过是什么？

朴：他很大了。

鲁：（追忆）他大概是二十八了吧？我记得他比大海只大一岁。

朴：并且他以为他母亲早就死了的。

鲁：哦，你以为我会哭哭啼啼地叫他认母亲么？我不会那么傻的。我难道不知道这样的母亲只给自己的儿子丢人么？我明白他的地位，他的教育，不容他承认这样的母亲。这些年我也学乖了，我只想看看他，他究竟是我生的孩子。你不要怕，我就是告诉他，白白地增加他的烦恼，他自己也不愿意认我的。

朴：那么，我们就这样解决了。我叫他下来，你看一看他，以后鲁家的人永远不许再到周家来。

这里周朴园有两句对白都是用的潜台词，第一句："不过是——他很大了"，这一处，鲁侍萍还没听出来他真正的意思，还以为他在跟自己叙旧呢，居然陷入了美好的回忆之中，他只好进一步提醒第二句："并且他以为他母亲早就死了的"，这一次，鲁侍萍才听出了弦外之音，原来，他是担心她要跟儿子相认，揭穿他的画皮，摧毁他在儿子心目中的威严和地位。

潜台词往往比显性的对白、独白和旁白更具表现力，因为它是人物灵魂深处的运动。

由此，我确定了我的教学目标和切入角度：从人物台词入手，梳理故事情节，分析矛盾冲突，从而理解作品的主题和作者的心灵欲求。

我仔细阅读体味曹禺的《雷雨》自序，又读了李健吾谈《雷雨》的文章，还上网查了纪念曹禺诞辰 100 周年的相关活动和资料，看了导演王延松的《雷雨》说戏，读到曹禺高中时代在南开中学发表过的一首诗：《不久长，不久长》……

重读《雷雨》，我为我的教学设计写下了这样的题记：

若我们尚未寻得"存在的意义"，我们就只能慌不择路地去寻求"存在感"。

《雷雨》中充斥着的种种爱欲，归纳起来不过是四个词语：生存，梦想，自由，爱情。而这四个词语，只是用来对抗衰亡，对抗虚无，对抗压迫，对抗孤独。这一切，都不过是尚未寻得"存在的意义"的人们在慌乱中拼了性命去寻求的"存在感"。然而，一旦找到了存在的意义，人们便可以为了这个意义而放弃存在感甚至存在本身。

10 月 22 日，从化中学，一堂绝对真实的家常课。

我保持着几十年如一日的习惯：公开课之前不跟学生见面，不布置预习题，保持课堂的原生态。只要该班的语文老师给点时间让学生把课文读一遍即可。我很喜欢在一个陌生的情境下跟一群陌生的学生进行这种绝对原生态的瞬间对接。

然而这一次有点小意外，学生连课文都没读一遍。好在，我这次的课堂定位本来就是导读课：向学生介绍整部《雷雨》的概貌，以激起阅读兴趣，促使他们课后去阅读原著；同时引导思考，理解人性。我关注的本来就是原著的"整体"，而不是课文节选的"局部"。

因为是导读课，所以我摒弃了数十年以来讲《雷雨》十分流行的分角色朗读的传统做法（这样的局部细节处理太花时间），而是着眼于对全貌的了解和对内涵的思考。

不喜欢一开课就单方面没来由地煽情，所以简单而直接地导入：

师：课文读过一遍的举手。……只有一个人？两个人，三个四个五个，八个？十个。哦，只有十个人读过课文。那么我再提一个更高境界的要求或疑问：有没有把《雷雨》整部剧作看完的？请举手。有没有？（笑）一个也没有了。那么看过《雷雨》的电视连续剧或者电影的，举手。（意外，笑）也没有？好吧，那么，有没有看过周杰伦主演的《满城尽带黄金甲》？

生：（齐，大声）：有！

师（笑）：这个倒看过了啊，好，周杰伦的粉丝啊。这个情节跟《满城尽带黄金甲》很相似，应该说，张艺谋的那部影片，很多东西是从这个《雷雨》套用、化用而来，有些情节几乎是抄袭。

既然是"零基础"，我只好"抄近路"，借由他们的偶像周杰伦来让他们在最短时间内了解《雷雨》的基本情节，并激发他们的兴趣。

然后介绍最基本的信息。

师：作者曹禺，我老乡喔。我是湖北荆州人，他祖籍湖北潜江。他生于天津的一个封建官僚家庭，原名万家宝。他在中学时代就非常喜欢戏剧，他自己表演过戏剧，而且他是反串喔！大家知道《娜拉出走》吗？易卜生的戏剧。他演女主角。然后他的大学，一开始是在南开大学读政治系，第二年他转入清华大学西洋文学系。《雷雨》是他的处女作，是他在 23 岁时即将从清华大学毕业时完成的处女作。之后又相继完成了《日出》和《原野》。这三部作品是他的代表作，而他的作品，尤其是《雷雨》，是我国戏剧文学史上的一座里程碑，而曹禺本人，也被我们称为……（笑）猜猜看，称为什么？

生：中国戏剧的奠基者。

生：戏剧之父。

师：如果拿他跟西方的某个戏剧作家相提并论的话，你觉得可以是谁？

生：莎士比亚！

生：中国的莎士比亚！

师：对，中国的莎士比亚。很好。

接下来，介绍人物关系。

师：人物不多，但是关系挺复杂。周朴园，梅侍萍，旧情人，他们生有两个儿子，大儿子叫周萍，小儿子叫大海。后来，梅侍萍被周家赶出门，周朴园娶了这个繁漪，他们才是合法的正式夫妻，他们生有一个儿子，叫周冲。侍萍几次遇人不淑，后来嫁给一个无赖鲁贵，生了一个女儿，四凤。那么大海和四凤就是——

生：同母异父。

师：异父兄妹。对，然后四凤跟着他在周家做管家的父亲去周家做了女仆……

生（齐叫）：好乱啊！！

师（笑）：哦，很混乱是吧？

生（齐）：是啊！

师：然后，周朴园的大儿子周萍，跟周朴园的妻子繁漪，他们的年龄相差只是六七岁而已，所以他们两个相爱，演绎出一段乱伦的悲剧。但是这个周萍后来爱上了四凤，然后周冲也爱四凤，但是周冲是单相思，听明白了吗？

生（前后左右议论纷纷）：听明白了。

师（笑）：是不是很复杂啊？好，我们知道戏剧有个"三一律"，它在一个非常集中的时间单位里，比方说《雷雨》，它就是在整整一天，一昼夜的时间以内，在一个城市里——20年代的旧上海，演绎了两个家庭两代人三十年来的恩恩怨怨，爱恨情仇，人伦爱欲，甚至阶级斗争。很复杂的情节，那么，你们现在最感兴趣的是什么情节呢？是爱情？还是阶级斗争？

生（齐笑）：爱情。

师：好，那么我们就来看爱情。在这部戏剧里边，我们看到很多种爱情。

由人物关系自然过渡到情节，进入矛盾冲突的分析，从而带动人物分析和主题理解。

接下来从人物台词的品读来讨论分析三种爱情：

单相思：一个人的爱情（周冲）

半生缘：两个人的爱情（周朴园、鲁侍萍）

三角恋：三个人的爱情（周萍、繁漪、四凤）

首先看两个人的爱情。先来看看课文节选部分周朴园和鲁侍萍之间的爱。请同学们把课文从 66 页到 72 页的内容读一遍。

师：你觉得周朴园对鲁侍萍的感情是真的呢还是假的？我想请问女同学，如果你是鲁侍萍，你会相信周朴园吗？

一些女生在下面纷纷说"不会"。

师：不会？说说理由！为什么不相信他？他不是表现得很真诚吗？又要穿旧雨衣，这间房子又不准下人随便进来，窗户也不能随便打开，一切都保持着三十年前的旧模样……

一女生：当侍萍问他想不想见一见她的时候，他连忙说"不，不，不用"，很决绝的态度。他根本不愿意见她，不想她介入他的生活。

师：他只是想要保持一种美好的回忆，一种美妙的念想，根本不想把它变为现实，是吧？（女生点头）他态度决绝，所以你不相信他。很好，请坐。其他女同学呢？你信他吗？

一女生：我觉得我是不相信他的。因为他虽然想要打听侍萍的下落，可是当侍萍说到"她是个下等人"，"不很守本分"被赶出周家的时候，周朴园的反应是"汗涔涔的"。我觉得他对她只有愧疚之心而已。

师：哦，他是做了亏心事，心里面有愧疚而已。所以他汗涔涔的，根本就不敢面对过去所犯下的罪孽，所以并非想要真的见到她。所以你也不相信。好，请坐。其他同学呢？再找个女同学说说你的见解。

一女生：我觉得这是一种错爱，不是真爱。他是为了娶一个有钱有门第的小姐，就把她赶出家门，刚生完孩子就赶走她了。

师：也就是说，他不顾她刚生下孩子，大年三十就把她赶出去了。这是相当绝情相当冷酷的。如果他心里有一点爱有一点人性的话，他就不会做出这样的事来，是吧？（生点头）可是周朴园说他怀念了她30年，半生的情缘。你如何看待这种怀念呢？（点击幻灯片中的人物台词及人物行动）

周朴园用儿子的名字来纪念他的母亲，他屋子里的家具多半是侍萍从前喜欢的东西，搬了多少次家，总是不肯丢。他一直保持着侍萍生完孩子以后夏天关窗的习惯，他的桌子上面，永远摆放着侍萍的相片。他一个人待着的时候，总是拿起侍萍的相片，戴上眼镜看。甚至跟繁漪在一起的时候，他也把相片拿起来，繁漪问他拿这个做什么，他说："后天搬家，我怕掉了。"

为什么周朴园如此眷恋曾经的侍萍，而不能与繁漪产生新的爱情？讨论后我们得出这样的结论：并非周朴园堪称情圣，矢志不渝，而是繁漪这种有独立自由的新思想的女人，给不了侍萍所能给予他的那种绝对崇拜、将他神圣美化到极致的满足感。所以周朴园爱的不是侍萍，而是侍萍心中的那个被美化到完全和神圣境界的自己。除了侍萍，没有任何一个人这样爱他。周朴园心里有许多真实的怀念，但这是一种灵魂取暖式的需要，是一种吸血鬼式的索取，他要从别人的爱里边来获取一种生命的滋养。所以周朴园爱的是爱情本身带给他的那种滋养，而不是爱这个人。所以，这个不是真爱。

那么，"三角恋"中有没有真爱呢？一开始周萍和繁漪在一起，既是一种孤独者的互相慰藉，又是一种对周朴园对他们俩在各种层面的压迫的一种反抗，一种冲破束缚的自由感，但同时，周萍感觉到罪恶，他觉得自己像是"一只老鼠在狮子沉睡的时候偷叹一口气"的卑怯行为，他感觉父亲就是狮子，而他自己，就是老鼠。所以他既有罪恶感，又有一种自我鄙弃的感觉。所以他想要逃离。但繁漪就把他拿来当作一根救命稻草一样地抓住了。是他带给她生机，所以她不能放他走。而周萍，又抓住了四凤，他觉得四凤那种清新纯洁，朝气活力，像朝露一样的纯洁能够洗涤他心中的罪恶，他认为四凤是他的太阳，能够照亮他，能够拯救他，所以他拼命地奔向了四凤——

　　他见着四凤，当时就觉得她新鲜，她的"活"！他发现他最需要的那一点东西，是充满地流动着在四凤的身里。她有"青春"，有"美"，有充溢着的血，固然他也看到她是粗，但是他直觉到这才是他要的，渐渐他也厌恶一切忧郁过分的女人，忧郁已经蚀尽了他的心；他也恨一切经过教育陶冶的女人（因为她们会提醒他的缺点），同一切细微的情绪，他觉得"腻"。

他对繁漪已经腻了，他要奔向四凤。但繁漪对他说：

"你欠了我一笔债，你对我负着责任；你不能看见了新的世界，就一个人跑。""我已预备好棺材，安安静静地等死，一个人偏把我救活了又不理我，撇得我枯死，慢慢地渴死。让你说，我该怎么办？"

她威胁周萍："小心，小心！你不要把一个失望的女人逼得太狠了，她是什么事都做得出来的。"所以才有了后面雷雨之夜的悲剧。这个三角恋，繁漪是借助周萍来寻找一种生存的感觉，在这个棺材一样的周家，让她能够感觉到自己是活着的。而周萍呢，借助跟繁漪在一起，从而获得一种反抗父权的自由，而周萍后来转向四凤，是因为他觉得四凤能够拯救他阴暗虚弱的灵魂。这个三角恋里，有没有真爱呢？讨论得出结论：没有。都是自私的，都是借助他人获得一种生命的存在感。

师：周朴园对侍萍的爱的虚伪和虚弱，是被他自己的言行拆穿的。比如选文部分的一个人称变化，我不知道大家有没有注意到。教材 70 面倒数第三行："你的第二个孩子你不是已经抱走了吗？""你的"，这第二个孩子是谁啊？

生（齐）：大海。

师：大海是不是他们两个的儿子啊？

生（齐）：是！

师：所以很明显，周朴园跟鲁侍萍不是站在同一边的，他的立场由始至终都十分清楚。所以，他对侍萍所谓的爱，虚伪又虚弱。周萍的爱同样虚弱，他不是虚伪，他是虚弱。他曾经是真的很需要繁漪，后来也真的很需要四凤，但他的这种需要被鲁大海给拆穿了（点击幻灯片）——

"你们都是吃饭太容易，有劲儿不知道怎样使，就拿着穷人家的女儿开心，完了事可以不负一点儿责任。""我要杀了你，你父亲虽坏，看着还顺眼。你真是世界上最用不着，没有劲的东西。"

鲁大海一语道破天机。周萍是一个虚弱的男人，他需要不断地从女人们身上去吸取爱来补充自己的生命能量，这个也不是真爱！

那我们再来看周冲的"单相思"是不是真爱。周冲的爱看起来很纯真很美好，他向父亲要求把自己一半的学费分给四凤，想供四凤读书，跟四凤谈理想。他把她当女神一样地看。他梦想自己跟她一起坐在"轻得像海燕似的小帆船"的船头，在"浮着两三片白云"的天边飞，"飞到一个真真干净，快乐的地方，那里没有争执，没有虚伪，没有不平等"，他甚至说：

"你愿意同我一块儿去么？就是带着他也可以的……你说你的心已经许给了他，那个人他一定也像你，他一定是个可爱的人。"他的意思是说：你不爱我，你爱的是他，没关系，你把他带着，我们三个人一块儿去！

（生开怀大笑）

师：所以，周冲的爱看起来很包容，像神一样。但实际如何呢？曹禺把他给揭穿了（点击幻灯片）——

抓住他心的并不是四凤，或任何美丽的女人。他爱的只是"爱"，一个抽象的观念，还是个渺茫的梦。所以当着他四凤不得已说破了她同周萍的事，使他伤心的却不是因为四凤离开了他，而是哀悼着一个美丽的梦的死亡。

在四凤将和周萍同走的时候，他只说：（疑惑地，思考地）"我忽然发现……我觉得……我好像并不是真爱四凤；（渺渺茫茫地）以前……我，我，我——大概是胡闹。"于是他慷慨地让四凤跟着周萍离弃了他。这不像一个爱人在申说，而是一个梦幻者探寻着自己。

——曹禺《〈雷雨〉序》

一个做梦的人在审视自己：我到底怎么了？我到底是要什么？其实他爱的只是爱，是美丽的梦，是一个完美的理想，他把这个完美的理想寄托在了四凤身上，而真相让他觉得自己的梦幻灭了。这也不是真爱。最后我们会发现：无论是一个人的爱情，两个人的爱情，还是三个人的爱情，最终都走向了幻灭。

师：现在我们再来看：谁是好人？谁是坏人？

生：没有绝对的好人，也没有绝对的坏人。

师：是啊，所以鲁侍萍说过这样一句话："人的心都靠不住，我并不是说人坏，我就是恨人性太软弱，太容易变了。"这是她几十年来对人性的一个理解，她对周朴园没有太多的恨和怨，她心里其实是爱他的。你有没有发现他们俩相遇的时候，其实周朴园根本认不出她，但是侍萍一再地在干什么啊？

生：提醒他。

师：对，她一再地在推动两人的相认。她希望他能认出她来。她心中还是很爱周朴园的，所以她并不是很怨他。他只是觉得，人性是软弱的。可是很多人就曾经说：这个剧本，它在批判一个阶级吧？你看周朴园啊，资产阶级，然后那个鲁大海呢，工人阶级的，然后他们就有阶级斗争；周朴园抛弃侍萍，也因为他们是不同的阶级，真的仅仅是这样吗？资产阶级里面有周朴园也有周冲，无产阶级里面有鲁大海也有鲁贵，罪魁祸首真的仅仅是阶级吗？

王蒙在《永远的〈雷雨〉》中曾说："《雷雨》是猛批了资产阶级的，比《子夜》揭露更狠，是现代文学史上突出地批判资产阶级的为数不太多（与反封建主题相比较）的重要作品之一。"这是一种主观而偏激的说法。因为曹禺自己已经说过了，他写《雷雨》的动机，不是批判，而是悲悯——

写《雷雨》是一种情感的迫切的需要。我念起人类是怎样可怜的动物，带着踌躇满志的心情，仿佛是自己来主宰自己的命运，而时常不是自己来主宰着。受着自己——情感的或者理解的——捉弄，一种不可知的力量的——机遇的，或者环境的——捉弄；生活在狭的笼里而洋洋地骄傲着，以为是徜徉在自由的天地里，称为万物之灵的人物不是做着最愚蠢的事么？我用一种悲悯的心情来写剧中人物的争执。我诚恳地祈望着看戏的人们也以一种悲悯的眼来俯视这群地上的人们。

我是个贫穷的主人，但我请了看戏的宾客升到上帝的座，来怜悯地俯视着这堆在下面蠕动的生物。他们怎样盲目地争执着，泥鳅似的在情感的火坑里打着昏迷的滚，用尽心力来拯救自己，而不知千万仞的深渊在眼前张着巨大的口。他们正如一匹跌在泽沼里的羸马，愈挣扎，愈深沉地陷落在死亡的泥沼里。

（曹禺《〈雷雨〉序》）

他是怀着一种悲悯的心情在写，而不是批判。他说人们以为可以主宰自己的命运，踌躇满志地来到人间，而实际上，每个人都在被命运捉弄，所以他也期待观众能够以怜悯的心俯视这些在火坑里打着昏迷的滚的人。

因为，他自己就在彷徨，他说（点击幻灯片）——

我的青年时代总是有一种瞎撞的感觉。

好像是东撞西撞，在寻求着生活的道路，人究竟该怎么活着？

"人究竟该怎么活着"，实际是作者在寻找生命的意义。他在 18 岁的时候，已经用一首诗《不久长，不久长》（原载《南开双周》第 1 卷第 2 期，1928 年 3 月 28 日）表达过他对生命的终极意义的思考了（点击幻灯片）。

18 岁的他已经把人生看得很清楚了：生命好短暂，而且短暂的生命里面还充满了痛苦，有很多的诱惑也有很多的压制，他渴望自由渴望永恒，但是没有。他觉得自己的来日不久长，很快就会睡在衰草里。屈原有过《天问》，曹禺也有过对生命意义的一个追问：为什么要活着？我们怎样活着才是有意义的？

这是他在创作时心里面的一个不自觉的东西。其实这种追问在《雷雨》的序幕和尾声里面已经有了隐约的答案。序幕和尾声都以教堂为背景，有修女，有唱诗班的合唱。教堂的这种场景就是在带领着读者和观众在经历了一场人生的大雷雨之后，向一个神圣的力量靠近。所以尽管《雷雨》篇幅很长，但他一直不舍得删去序幕和尾声。我想，序幕和尾声的意义，不仅是创作艺术上的一种审美距离，更是作者对生命终极意义的一种思考，一个暗示人生答案的镜头。

对于这节课，央视一套《看见》栏目主编、著名作家王开岭如是说——

　　一个时代的社会生活无论多么糟糕，都不应被丑化，文学更不应被阶级化和政治化，长期以来，对《雷雨》的主流解读，基本是以人物身份的社会性为工具，既当起点，又当归宿，既当世界观，又当方法论。《雷雨》是文学的，是追求人性的复杂和诡异的，它刻画了爱情自身的困境、欲望的杂芜和荒诞以及"选择"的艰难，应该说，这样的人之"挣扎"可以发生在任何一个年代，它是永恒的，它和大社会概念没有隶属与因果关系，与政治或国家也无必然关系，《雷雨》的创作元素在莎士比亚戏剧中比比皆是，总之，它无法完成对社会的起诉，它只能起诉人性本身。另外，在我个人看来，《雷雨》甚至有宿命论和悲观主义哲学的意味，因为作者试图把所有的东西都毁灭掉，这也是戏剧的古典精神和永恒的时尚。

读熊芳芳老师的课堂实录，我感到了一缕清新之风，因为她沿着人性的方向行走，从而和作者站在了同一个起点上，把文学还给了文学，她关注的是"人"本身的问题，是对人性本身的拷问，是对"存在"的尝试性挖掘和对"意义"的触碰。文学阅读的意义在于给读者的经验和精神创造空间，进而生长出他们自己的东西来，在阅读结论上，任何权威都是可疑的，包括作者本人。因为作品一经诞生，就有了自己的能量和独立性。

著名诗人、财经作家，独立书评人苏小和如是说——

在文学的意义上，《雷雨》是我读过的中国现代戏剧中最早去时代、去语境的先锋之作，曹禺先生像一个技艺高超的庖丁，将人性一层层剥开了让读者看。完全没有刻意为之的所谓时代背景和宏大主题。但我高中时代的语文老师差不多用了整整一节课的时间给我们讲述《雷雨》的时代背景，讲述工人和资本家的斗争。许多年以后，我才理解这是一场荒谬的误读，可惜这种误读已经成为一种传统，深深植入了我们的阅读心灵。正是在这个意义上，我惊讶于芳芳老师的语文讲述能力，她是一个真正能够靠近人性的语文老师，一个勇敢地丢弃历史垃圾，带着孩子们直接拥抱人性，拥抱句子，拥抱词语的人。

（熊芳芳　高级教师）

走进"边城",走出《边城》

——《边城》拓展探究札记

◎覃国平

题记——当我们遇见一个无法驾驭的课堂时,作为教师的人生是否才真正地开始走向圆熟?

按语:

曾在微信推送中看到一句话:"课外阅读量需要达到课本内容的 5 倍以上,才能形成语文能力。"有没有科学依据不得知,35 年语文教育体验告诉我"多阅读总是好的"。然而最近一所学校所做的 IAP 学生综合素质评价报告会的一个案例引发了我的深思:评价报告上数据还原的事实是这个孩子综合概括、推理、表达都存在较大的问题,而妈妈却说孩子从小就很爱读书。其实,问题的症结很容易被发现:喜欢读书是不等于会读书的。由此,我获得一个重要信息——那就是,作为语文教师，应该把学生带入大量的有价值的阅读情景，引导他们在阅读中解读文章内容，探索方法技巧，走进文化，深入生活，认识社会，反观人生，提升思想力和思维力，继而塑造人的气质形成人格魅力。为了证实这一观点的可靠性，我将呈现出自己跟一群孩子共同创造的一次充满传奇色彩的阅读经历。

我对沈从文的《边城》很有偏爱。

不只《边城》，包含他的散文小说的全部创作。他把乡土文学发展到了最高境界，没有谁那样高超地创造了一个独特的地域艺术世界，即"湘西艺术世界"。这个"独特的湘西艺术世界"，绝不是指当下人们千里迢迢去观赏的风景和追捧的名胜，而是指在湘西这个"恬淡静谧"的氛围中揭示出来的"乡村生命形式的美丽"。

可是，《边城》是一篇自读课文，教材要求我们探究的无非是所有课文所选小说的共同问题，诸如人物、情节、环境的分析或写作方法与技巧的鉴赏。孩子们使用的工具书《三维设计》上的十个导读问题也都只是将这些问题细化到局部或分解为枝叶。但不说能否让孩子们获取新的信息，产生新的联想，获得新的感悟，甚或从这个过程中出落一个新的自我，就连把那些支离破碎的问题弄明白都是一件难事——因为，小说节选部分的篇幅不小，经历的阅读环节和采用的阅读模式千篇一律，没有新的趣味和意义，心理的拒绝和行为的疲软总是在所难免的。

基于上述思考，我大胆地打乱了曾经的教学程式，把《边城》作为新的课程理念实施的载体，通过《边城》拓展探究实现我所期待的教学效果。不曾想到的是，这样做，把我和孩子们全都搅进了一个巨大纷繁的读写之局，从此不能自拔。

我当时采用的教学思路是这样的：

一、自己先探究《边城》如何教

1. 我把课文和三维设计上关于《边城》的思考题整合成一个问题系统，准备让孩子们分小组去阅读探究。设想小组探究完之后，收集学生的探究成果，跟参考资料上的答案进行对比，看看哪个更完善更有创意。我自认为这样兴许会让孩子们得到意想不到的收获。

第三部分探究问题：

（1）第3自然段属什么描写？其作用是什么？

（2）第6自然段写了什么内容？其作用是什么？

第四部分探究问题：

（3）第1自然段在写景上有什么特色？其作用是什么？

（4）从这部分文字中可以看出祖父是怎样的一个人？

第五部分探究问题：

（5）第2自然段极力描写热闹的迎春场景，对表现翠翠这个人物形象有什么作用？

（6）第7自然段中，"大鱼会吃你"这句话在文中反复出现，有何作用？

（7）第14自然段，翠翠说"谁也不稀罕那只鸭子"，这句话表现了翠翠怎样的心理活动？

第六部分探究问题：

（8）第6自然段中，对黄狗的描写有什么作用？

（9）第10自然段对祖父神态描写有什么作用？

全文总探究问题

（10）小说是如何表现风俗美的？

2. 在以上程序基础上，我把学习《边城》的重心放在了引导孩子们对《边城》这一名篇作拓展性探究上。利用网络调集了大量鉴赏资料和关于"边城"的视频资料，花去一周的时间去筛选出于我教学设计有价值的东西。然后梳理出这些有价值的东西跟孩子们当下的阅读、写作、人生境况以及当下社会人文环境、社会思潮相应的问题来设置探究题，意在把孩子们从孤立的、单一的、模式化的、自我缺失的阅读中拉出来，实现真正的阅读。

我认为，真正的阅读应该是包含以下内容的：第一，要走进作者的文字，由此走进作者所处的那个时代和作者的人生里去，而不是像我们的很多孩子读到高中毕业或是大学了面对阅读题都总是只拿自己的感觉去替代作者的感觉，用现时的认知去观照时代的产物；第二，就要走进当下的人文环境，将阅读的感知与我们生活的当下进行对比，寻找相同、相反、相关的联系，借此反观现实，获得超出文本自身容量的认知价值；第三，就是要走进自己，将之前对于作品的感知和对于当下社会人文环境的解读联系起来，观照自己的内在需求，寻求思想的沉淀和精神的提升。

我的具体做法如下：

（1）阅读沈从文书信集，了解沈从文的人格生活；

（2）阅读沈从文其他文学作品，较全面深入了解其创作；

（3）了解沈从文个人简介及湘西的地域人文环境及时代背景，寻找人与地、人与时、人与文的内在关联与生合契机；

（4）了解沈从文及其相关的人和事，拓展研究视野，荡开个体生命意蕴的涟漪，探索人文精神的影响与传承。

（5）反观自己的文学积淀和人生感悟，为跟孩子们阅读指导和感受交互做好准备。

二、引导孩子们对《边城》进行拓展探究

1. 播放电视散文《边城印象》系列，激发孩子们对沈从文其人其时代其作品的探究兴趣，生发出"边城"情结；

2. 播放经典电影故事片《边城》，把孩子们引进"边城"独特的人文风情和故事氛围；

3. 出示《边城》拓展探究的专题，各小组自行抽取专题，让孩子们对拓展探究有明确的方向和主题；

4. 给定 4 个课时的时间，让孩子们分小组完成探究专题，按照拓展探究展示课的要求整理好探究材料，写好探究报告，安排好展示课上的分工和程序；如果时间不够就自行调剂课外时间。

5. 探究过程中，我会十分关注各个小组的进展，有时候还要给他们以点拨和开导，抑或是在某个关键处或节点上搭上一座小桥，送出一把钥匙；还要把控孩子们课外的研究动向；同时要对研究的时空维度予以观察和掌控，以便根据研究的具体情况制定拓展探究的课堂展示方案。

拓展探究专题

（1）一首令人追念的田园牧歌——品味"边城"的诗性之美

（2）清丽忧伤的人性魅力——品味《边城》的人性之美

（3）地域文化符号的传承——品味《边城》的语言之美

（4）风情育人，人育风情——品味《边城》的风情之美

（5）养人的自然，人恋的风景——品味《边城》的风物之美

（6）乡关何处？——深陷困境的现代人皈依何处？

（7）走出"边城"，写出《边城》——探究《边城》诞生的神秘之因

（8）用另一种生命形式书写"边城"——女摄影家卓雅的"边城"情结

（9）正在走失的"边城"——探究旅游、凭吊消失

（10）我们的心灵与"边城"有关——思考现代人对"边城"恬静优美的精神需求

三、组织《边城》拓展探究成果展示

（一）展示时间

两课时。共80分钟，计划将课间10分钟拼进来，共90分钟。因为各个小组限时展示，调查了解情况时，大家都希望给多一点时间，自愿课间不休息。

具体安排是：全班10个小组，分配的展示时间6分钟，共需60分钟；预留20分钟机动时间，共80分钟，我自己插话（我很喜欢适时插话）、点拨、总结预留10分钟。

（二）展示程序："五个一"工程

1. 讲述：讲述本组探究过程，旨在让大家了解本小组经历了一些什么，是怎么走过来的。旨在引导大家关注过程，不仅仅注重结果。

2. 分享：分享本组探究成果——原创的专题探究文章。旨在呈现小组探究的收获，同时也可以呈现小组原创作品的写作水平；当然本次探究中，写作水平展示或许可以作为课程的副产品。

3. 分享本小组根据专题探究感悟所作的对联，旨在让探究的文化氛围更加浓郁一些。

4. 友情点评：每个小组都要为一个小组的展示作友情点评，对象抽签决定，旨在让孩子们关注他组研究，同时锻炼自身表达能力。

5. 教师点评1分钟。

五个环节中，每小组时间要求控制在7分钟之内，探究文章播放或诵读

或讲解不得超出 4 分钟, 其他 4 项(包含老师点评)不得超出 3 分钟。

各小组所抽的探究专题:

1. 王琳瑗组的探究展示: 一首令人追念的田园牧歌——论中国古代田园诗、泰戈尔《吉檀迦利》与沈从文《边城》。

2. 夏培彦组的探究展示: 清丽忧伤的人性魅力——品味《边城》的人性之美。本小组主要是从以下两方面进行探究的: (1) 人物形象、精神世界; (2) 作者的人性追求。

3. 胡维俊组的探究展示: 风情育人, 人育风情——品味《边城》的风情之美。本小组主要从以下两方面进行了探究: (1) 民风民俗、人文环境; (2) 联系土家风情、撒叶儿嗬的出炉、土节洋节之思。

4. 邓蓝青组的探究展示: 养人的自然, 人恋的风景——品味《边城》的风物之美。本小组探究内容又着重于: (1) 自然之物: 风景、动物、建筑等。(2) 人与自然的关系——一方水土养一方人。

5. 黄誉敬组的探究展示: 品味边城的语言之美——超越地域色彩的话语形式。(1) 语言的风格与艺术风格的思考。(2) 语言与地域有关: 背时砍脑壳的。(3) 超越地域, 关乎人的生活状态。

6. 张文松组的探究展示: 乡关(故乡)何处? ——身陷困境的现代人皈依何处? 本组借古诗阐释 "乡愁" 的深层含义:

(1) 乡关表层义: 思念故土之情。

黄鹤楼

崔　颢

昔人已乘黄鹤去, 此地空余黄鹤楼。

黄鹤一去不复返, 白云千载空悠悠。

晴川历历汉阳树，芳草萋萋鹦鹉洲。

日暮乡关何处是？烟波江上使人愁。

（2）深层义：心灵与精神的皈依。借托"边城"的自然与人文环境显示出来的优美境界。

7. 李晨光组探究展示：走出"边城"，写出《边城》——探究《边城》诞生的神秘之因。（1）为什么走出边城？（2）为什么要写边城？

8. 冉炜组的探究展示：用另一种生命形式书写"边城"——女摄影家卓雅的"边城"情结。（1）皈依情结——小时候看到的沱江白水上夕阳下碎碎的残阳洒在水上，浣衣的女人，远看只有寸长光景的纤夫的刻影时想哭的感觉，沈从文的书中"美丽是愁人的"这个句子让她找到了精神上的共鸣和皈依。（2）理想情结——源于皈依情结，于是产生了一种行为理想，保护、挽留、抢救文化遗产，精神家园。

9. 龚彦组的探究展示：正在走失的"边城"——探究旅游与旅行的内涵差异，凭吊古代游历的消失。（1）如何看待旅游者蜂拥而入凤凰这一现象？①有凭吊者　②有寻找慰藉者　③有追求时尚者　④有消费者　⑤有寻找商机者……（2）充满着后现代文化心理症候和消费符码。

10. 古欣蕊组探究展示：我们的心灵与"边城"有关——思考现代人对"边城"恬静优美的精神需求。（1）这是同学们要真正思考的问题，放在最后，可以认为是我们这个拓展探究的目的。（2）对某种文化的守候是我们减少自我迷失的良方。（3）对精神和梦想的追求是咱们最有效的灵魂救赎的方式。

（三）展示过程追忆

1. 撷一叶而知秋美——第一小组展示内容的完整呈现。（权作示例）

王琳瑗小组专题探究展示：一首令人追念的田园牧歌。

（1）牟星垚同学分享探究过程

沱水浸湿的衣角还未干尽，边城的笛音也尚未停息，我们小组的探究仍在续行：《边城》清新恬美的语言风格和纯朴自然的环境描写自然而然地使我们联想起中国古代田园诗，由对比的方向出发，我们从内容、语言、情感、主题多个方面，站在共性与差异两个角度将二者进行了深层的比较、剖析。又在覃老师的提点下邂逅了泰戈尔的《吉檀迦利》，这是一首人神对话的宗教诗篇，它与《边城》在内容上差异甚大，我们小组在探寻二者共性的过程中，主要是站在一种新的视角和高度，超越现象，还原本质。最后我们对《边城》、田园诗、《吉檀迦利》三者进行更深的探索与思辨，得到一个关乎本质的共性——它们令人追恋的正是一种全人类的共鸣。下面由我们小组王林媛同学跟大家一起分享《一首令人追恋的田园牧歌》——带给我们的人性共鸣吧！

（2）王琳瑗同学分享探究专题文章

一首令人追念的田园牧歌

——读中国古代田园诗、泰戈尔《吉檀迦利》与沈从文《边城》

我们需要一个精神家园。当工厂的烟囱直耸入天，给城市涂抹了一层深灰的雾气时；当青翠的树木接连倒下，成为人们手中廉价的碗筷时；当人与人之间信义殆尽，只剩下一张张空洞的纸币时，我们需要一个精神家园。

而几十年前的文学大师泰戈尔、沈从文，乃至几百年前的中国归隐诗人们，正以一个灵魂的塑造者，为我们唱出了一首首理想的生命之歌。读一次他们写过的诗，赏一次他们赏过的景，爱一次他们爱过的人，灵魂得以释放，生命回归本真。

乡·城·根

《边城》与田园诗同属中国文化，相同点不少，然而由于处在不同的时间，二者也形成了独具特色的风格。在内容上，《边城》与田园诗描写的自然景致大都静谧安详，清新怡人，如《山中杂诗》（吴均）"山际见来烟，竹中窥落日。鸟向檐上飞，云从窗里出。"又如《边城》中所写到的"白河为白日所映照，河底小小白石子，有花纹的玛瑙石子，全看得明明白白。两岸多高山，常年做深翠颜色，逼人眼目。"不同的是，《边城》更突出了湘西的民族风情，集中体现在对吊脚楼和对河水的描写，而田园诗多写农耕生活，如《归园田居》（其三），"种豆南山下，草盛豆苗稀。晨兴理荒秽，带月荷锄归。"在语言上，二者都质朴，清新，而《边城》又多了一分乡土特色。在感情上，二者的目的都是寻根，而这个"根"又略显不同。田园诗中，诗人要寻的根是大自然，这是一种更为广泛的根，自然是人的来源，也是人的归宿。所以人从自然中来，最后还会回到自然中去。它体现的是人对自然的向往与追求。在《边城》中，沈从文先生要寻的根是他的故土，是湘西特有的文化，它体现了人对人性美的追求。更值得注意的诗，田园诗描写的主体重在自然，最多涉及几个人甚至单个人与自然的关系，如王维《竹里馆》，"独坐幽篁里，弹琴复长啸，深林人不知，明月来相照。"而《边城》重在人文，其描写的内容大多都有人的参与，体现了湘西独特的人文风情，如作者描写的过端午，捉鸭子的盛况。这正是作者追求的优美、健康而又不悖乎人性的生命形式。

神·人·美

在1913年的诺贝尔文学奖评奖席上，有一部作品被评委争相阅读，最后以十二比一的投票通过授予该作品的作者年度奖的决定，这就是著名诗人泰戈尔创作的宗教诗集《吉檀迦利》，将其定位为"宗教诗集"，似乎与沈从文笔下的湘西小城不着边际。然而细细品味，会发现，《吉檀迦利》并非如我们想象的那样阴森恐怖，肃穆庄严。它有着如田园诗般质朴、清新的语言，流动着充满神秘色彩的精神秘史。全诗以人神对话贯穿始终，而诗中的神仿佛不是矗立在天上的巨像，时刻束缚着人的行为，限制着人的欲望，它更像一位引导者，存在于一切自然，存在于最贫贱的人们之间，带领人们追寻真善美。正如诗中所写的那样："你本是我的主人，我却称你为朋友。"作者通过写人神对话，表达了追求圣洁，追求真善美的愿望，他呼喊道："我生命的生命，我要保持我的躯体永远纯洁，我要永远从我的思想中摒除虚伪，我要从我的心中驱走一切的丑恶，使我的爱开花。"这正与《边城》中沈从文依恋的人性美对应。二者都落脚到一个"爱"字身上。然而深层次挖掘会发现，《吉檀迦利》中的爱是泛爱，是神对万事万物的爱，而《边城》展现的是一个封闭小系统内的和谐、仁爱。究其原因，归根结底还是两国文化传统的差异造成的，但这并不意味着沈从文的视野高度不够，《边城》恰恰是通过翠翠纯美的爱情，与爷爷之间至亲的亲情以及整个湘西人民之间质朴的爱表现了人性之美。由小爱到大爱才是作者选择的路径。

通过这一系列的对比，我们不难发现，无论是泰戈尔，沈从文，还是几百年前的田园诗人们，他们的创作无不源自生产、生活与生命的灵光，而这些灵光的主题是和谐与爱。这正是这些传世之作能触动人心的原因所在——它们唱出了整个人类共有的对至真至善至美的渴求。尽管这些作品因为时间、地域的不同产生了内容、语言、情感上的细微差异，但它们的共性超越了时空，超脱了现象，还原出一种真善美的本质。这是它也是我的生命永远无法忽视、脱离的灵魂——人性与自然的永恒。

（3）冉力同学宣读本小组集体创作的专题感悟对联

横批：田园牧歌

上联：横笛边城，沱水哺情，人性至美。

下联：放歌田园，南山乘化，自然本真。

（4）友情小组罗程元同学的点评（另外小组同学对本小组点评）

上个小组对中国古代田园诗、泰戈尔的《吉檀迦利》与沈从文先生的《边城》进行了比较、分析与论述。分两个部分：第一个部分是将中国古代的田园诗与《边城》进行比较；第二个部分是将泰戈尔的《吉檀迦利》与沈从文进行比较。在第一部分里，该小组首先总述《边城》与田园诗有着相同点和不同点，并说明了原因。然后从四个方面——内容、语言、情感、主体进行了分析，并得出了自己的结论，同时以具体的田园诗和《边城》中的具体文段来佐证，这是第一部分。而第二个部分，对《边城》与《吉檀迦利》进行的比较，先以后者的总体创作风格及其具体内容所体现的对爱的追求出发，从一个新的角度进行挖掘，从而使其与《边城》中所体现的对人性美的追求相吻合，并阐释了其原因。论述过程中播放了 PPT 实在是太 Wonderful 了！对联也挺不错的，韵律把握到位。总体上来说该小组的展示大气活跃，条理清晰，结论合理。个人很看好，赞一个！

（5）本小组马勖同学对友情小组的点评

首先，对于前面同学的精心准备和精彩的展示，我在此道一句："费心了！"

第八组同学拓展探究的是：用另一种生命形式书写"边城"，他们主要是依据题意和教师提示集中针对女摄影家卓雅在湘西对沈先生笔下风物之美、风情之美的追寻而创作的结论散文。

从他们优雅的文字中可具体得出卓雅二十年投身湘西的原因。

①她从小受湖湘文化的熏陶，对本土文化无比留念。

②如今传统文化的沦丧，使她认识到她得保护传统文化，使土家文明不被中断的使命感。

③卓雅在拍摄途中所见，所经历的湘西百姓的感人事迹，使她舍不得离开这风情谆朴的小城。

可以说，卓雅在这片土地上失去了太多，又得到了太多。撞入她眼睛的是迤逦的清风和金色的斜阳，冲击她耳膜的是朴素的湘音和迟缓的摇橹声，但最后，都化为浓浓的深情如沱江红日般喷薄而出。在此，我想将我冒昧作的一副对联献上，表达心情：

> 乡恋四十年，心系沅水，含英咀华追随先生踪迹
> 行摄二十载，梦萦边城，披肝沥胆留住故土遗韵

最后，正如列夫·托尔斯泰将契诃夫评价为"用散文写作的普希金"，我认为应称卓雅为"用光彩留情的沈从文"。

（6）教师对以上呈现作点评

小组探究及成果呈现令我感动：探究过程体现了严谨的研究精神，探究成果足见得文学功底，更可贵的是整个研究过程中几位同学沉浸其中，沉醉其中，在阅读中思考，在阅读中感悟。

（此处，有同学抬起腕表，示意我注意时间，我却不由自主地谈起了泰戈尔）

泰戈尔《吉檀迦利》原意"献诗"，献给神，神存在于一切自然、存在于最贫贱的人们之间。基于这样的泛爱观，即使是最普通最平凡的生活，

在他的诗歌中都被赋予了牧歌似的迷幻色彩。

下面我为大家呈上一首我记得的泰戈尔的诗：

我一无所求，只站在林边树后/倦意还逗留在黎明的眼上，露润在空气里/湿草的懒味悬垂在地面的薄雾中/在榕树下你用乳油般/柔嫩的手挤着牛奶/我沉静地站立着/我没有说出一个字/那是藏起的鸟儿在密叶中歌唱/芒果树在村径上撒着繁花/蜜蜂一只一只地嗡嗡飞来/池塘边湿婆天的庙门开了/朝拜者开始诵经/你把罐儿放在膝上挤着牛奶/我提着空桶站立着/我没有走近你/天空和庙里的锣声一同醒起/街尘在驱走的牛蹄下飞扬/把汩汩发响的水瓶搂在腰上/女人们从河边走来/你的钏镯叮当/乳沫溢出罐沿/晨光渐逝而我没有走近你。

什么是牧歌？内容上带有梦幻色彩，描绘多指向精神家园，人与人、人与自然的交流无须用语，一切自有一种和谐的空气溢于四周；其形式：因为与风景有关，跟人的生活有关，所以具有画面感、色彩感、情绪性。

2. 时间被高度不在意——几乎没有谁在守时的问题上驾驭住自己。（示例就摆在上面，大家该感觉到我们对于时间的占有欲了吧！）

几个细节和场面：

（1）课间——教师办公室的电脑被借用一空，深度眼镜们不得已把电脑让给了查阅资料的孩子们，面面相觑。有的老师干脆直接问：覃老师，你在搞么子鬼名堂，过去圣诞节查歌词还没有这般火热！我说：抱歉，娃儿们可能是在查阅读资料。（大家很奇怪的表情，可没有一个孩子在意我们的对白。）

（2）推开教室门——三个一堆，四个一群，站立端坐，没有程序，指指点点，挥挥洒洒，我走到他们身边也不闻不问——应该是在讨论切磋，探究属于自己的答案。

（3）王琳瑗小组除了对联没有超时，其他各项展示均超时，我心里着急事小，其他组同学就有坐不住的感觉了——因为，他们害怕自己小组的探究展示被下课铃声搁浅。

（4）我自己带了一个坏头——因为沉醉，把头脑里存着的点儿泰戈尔的诗歌都背出来了。我估计大家这方面了解得比较少，不比古代的山水田园诗，中高考我们都会在复习和考试中见面。有几个同学蠢蠢欲动，可能是想阻止我讲下去，或者因为师道尊严还是他们还算爱听而控制住了行动。

（5）接下来，情况就变得难以控制了：每一个小组都超时。孩子们一上台恨不得把肠子弯弯里的东西都倒出来。因为我自己犯规在先，没有人关注我的面子了，我再三示意注意时间，回应也都是置若罔闻。我想：不就是个时间吗？干脆侧过身给第三节要上课的老师偷发个信息，占了他那节课。于是才放下心来，由着孩子们超。（这可是一节公开探究课，想想都觉得自己张狂，这天听课的老师一连听了三节，弄得我心理负担很重很重。）

3. 四个意外——让我那一晚没有睡好，让我至今忆起都彻夜难眠。

（1）意外之一

龚彦组探究"正在走失的'边城'"的时候，我特别有话想说，时下"旅游"泛滥，节假日的堵车效应，人头攒动为患的效应一再上演，而真正的凭吊似的古代文人骚客似的游历已渐消失，我就立马联想到刚刚看到过的著名文学评论家、华师教授、博导李遇春先生在《莫言现象面面观》一文中所谈的"后现代文化症候和消费符码"。我张开嘴就说了下面一段话：感觉到"现代人无中心意识、多元价值取向、复制性快餐文化泛滥、渗透资本逻辑"的现象提醒我们对"凤凰旅游热"的现象不可简单地认为是人们追思文化寻找精神皈依的举动。有时候，我们置身其中，倒是会发现一个很奇怪的公式——越是某样，就越是某样，类似越是热闹越是孤独，越是蜂拥而入，边城的背影越是渐行渐去……这是一个思维上的提醒……

这时，接下来要发言的孙威同学站起来——说："老妈妈，我要给您提意见，您每一次有灵感的时候总是喜欢一吐为快，都不知道，您抢了我的风头，我们好不容易想好的东西等着就要发表了，结果被您说了，我们感觉好没有意思！"

我傻了一下眼，立马向孙威道歉。之后的时间，我一准备开口就想起孙威的批评，从而变得收敛和谨小慎微了许多。

（2）意外之二

课堂行至李晨光组展示时，友情点评冒出了"火药"味。

先节选此小组专题探究的两个段落看看：

①沈从文离家的导火线是"本地的几个绅士财主，都看中了他，想纳他作女婿，以联姻的方式，能建立和巩固上层社会错综复杂的统治网络。但个性独立的沈从文爱上了一个女孩子，并深信她也爱着自己。沈从文最后毫无商量余地地对熊捷三说："那不成，我不作你的女婿。也不作店老板的女婿。我有计划，我得按照自己的计划去。"沈从文的思想和《边城》中傩送的思想是一样的，他其实需要的是活动的生活，想出去闯荡，不愿按照设计好的乡间绅士的道路走下去，要从那份既定的庸俗生活中逃出来，同时也是出于对滥用权力、残害无辜、使人民苟延残喘，活得糊涂而悲惨的大小统治者的憎恶。沈从文最终毅然走出了湘西，思考着更为严肃的人生问题、社会问题，寻求生命独立的价值意义，承担了较之一个乡村绅士远为重要的人生责任。（选自"为什么要写《边城》"部分）

②关于《边城》，沈从文说："将我某种受压抑的梦写在纸上。……一

切充满了善，然而到处是不凑巧。既然是不凑巧，因之素朴的善终难免产生悲剧。……这一来，我的过去痛苦的挣扎，受压抑无可安排的乡下人对于爱情的憧憬，在这个不幸故事上，方得到了排泄与弥补。"这是沈从文通过《边城》寄托他的文化恋母情结的真实的说明，也点出了《边城》故事的悲剧性。乡下人，都是生活。沈从文认为社会到处是丑陋，"可是人应当还有个较理想的标准，也能够达到那个标准，至少容许在文学艺术上创造那标准。"所以，边城既是他生活过的边城，又是他理想中的边城。至于为什么会有悲剧美，则应该看看那句歌词"到不了的是远方，回不去的是假象"。（选自为什么要写《边城》部分）

按理说，他们的探究文章是写得不错的。没想到友情小组代表张文松却作了这样一番点评：

首先，不得不告诉大家的是：让我点评他们小组的展示成果有点悲剧——因为我将一反之前纯粹表扬的点评。他们小组的话题是"走出'边城'，写出《边城》"，文章的文笔很好，有些散文的范式，诗化的色彩，全文也阐述了沈从文先生从边城中走出，又写出边城的整个过程，透露出他对真善美执着追求这个意旨。但很显然，本次研究的专题可以看出这篇文章更适合用议论文来写；而且我个人认为他们的探究比较浅表化，深层次挖掘不够。王国维曾说过："诗人对宇宙人生须入乎其内，又出乎其外，入乎其内故能写之，出乎其外故能观之。"我认为沈从文能够走出"边城"，又写出《边城》的原因无外乎有两个，一是边城是他的故乡，他生活在其中，可谓"入"，即为能够融入生活中，感受到边城的真善美。二是他离开了故土，去到了北平，可谓"出"，即能够站在比生活本身更高一层的地方去体察他对故乡的认知和情感。这就给了我们一个启示：人生中我们不仅要融入生活中去，而且还要站得更高，方能更深入地去体察生活，提炼生活，创造生活，最终实现我们人生的进步和境界的升华。

文松是个思维力较强的孩子，让在场的所有人都很震撼。虽然有的分析还可以商榷，但至少之后的两个连锁反应是值得我们珍惜的：一是，大家的点评更能够褒贬相生了；二是，等着展示的同学表情由先前的热情愉悦变得严肃凝重了。

（3）意外之三

这之前，各小组展示时，大部分同学都是在讲台上完成的。因为他们在讲述自己的研究成果时还配有PPT，PPT里还插有美好的图片，有的还配套了与内容相匹的背景音乐，甚至链接了视频。而邓玉民同学展示时竟没有走上讲台，也没有使用PPT，而是在教室里漫步诵文，逼得我赶紧站在一个孩子的背后给他让出过道（这过道本该由老师独占的）。这也许并不稀奇，但如果你知道他是一个性格腼腆块头不大但数学很好的农村小男孩时，你就会不禁震惊。更或者，你就会懂得，一年之后他考进华中师范大学，竞选当了班长，第一个寒假直到腊月二十五他都还没有回家（因为他主动留下来免费给几个同班同学补数学）的时候，作为老师的我——眼眶里有热泪涌出。

（4）意外之四

2012年我去美国加利福利亚州参加中美教育比较研讨班时，常常在那边的教室里看到师生们可以坐在讲桌或课桌上研究问题。我曾经向往过那样的课堂，但自己从来没敢张狂到那一步。夏培彦小组的专题文章是班上著名的才子陈犇同学讲述的。令我们意想不到的是，负责对别组友情点评的夏培彦在陈犇话音刚刚落尾的当口抢上话锋，站起身面向大家说：请大家原谅我的冒昧，我要给本组陈犇同学做补充（这明明是节外生枝）。他走到第一组第一张课桌前说：还要请大家原谅我，允许我放肆一回，坐在这张课桌上讲述！

奇怪的是，同学们都把目光转向了我。

我很惶惑，但仍是掩藏不住惊喜地向他点了点头。

他当时讲述的文字写在他的笔记本上，后来汇编进小组的文档材料中，这里没有篇幅被我赘述。我只是特别想申明几件事：一是，他不是我的课托儿，我当时是始料不及的；二是，他是我们学校的金牌主持人，高三最后一次文化体育艺术节他仍然没有因为高考放弃享受那一连三天的主持生活。使用"享受"一词——我感觉恐怕最能呈现这个男孩的生命状态了，作为班长，作为一个宋词迷，作为第一个在高中阶段就把大学的人生规划纳入议事日程的孩子——我感谢他用这种方式让我的课堂从此变得更加浪漫和开放。

4. 必须提出的照应

（1）整整三节课的探究结束之后，我第二天安排了一节课，让同学们再一次回归课文，把之前整合的那个准备让孩子们分小组去阅读探究的问题系统拿出来让孩子们自行探究。后来我把各小组收集上来的成果规整到一起，跟参考资料上的答案进行对比，我很想说——孩子们的答案更有说服力。这个课堂结构上的补叙让我突然一震：阅读，生活，大概很多程序是否完全要按部就班？能不能适时颠倒和交错？我们什么时候才能够破了课文后面那几个死气沉沉的问答题编成的紧箍咒？

（2）我想起这次课结束时我说的那段话了，那段话跟我之前设想的那段结束语完全不同。因为课堂的很多既定程序改变了，课堂在自然演进的过程中添加了很多陌生的元素。所以，每一个课堂情节出现之后，我们要粘连上去的内容与形式都不同于当初的预设；都得要我们或转一个弯，或心生一计，或在某一个地域荡一回秋千，甚至掉转一个头。而关键是参与其中的人为什么（无论是老师，还是学生）非但不愿意拒绝，反而更惬意更愉悦呢？而之前很多赛课场合被专家们提及的超时和完整等等学说，实在是显得比较脆弱。

（3）再回首我这篇手记的标题——《走进"边城"，走出"边城"》，我突然对"入"与"出"产生了强烈的兴趣。一个作品，无论是小说，还是诗歌，只要是一个作品，都关涉他出白的那双手，那颗心，那个时代，那个周边的环境。我们每每让孩子们去读文章，抄文段，做练习，生吞活剥；却很少把这个作品当作具有上述特征的作品去研究，也很少把我们的孩子当成鲜活的人把他们放进这个作品鲜活的情景里去感受。我们某些时候也许会把他们放进去，但是又从来不考虑如何把他们引出来，或是让他们回归到他们自身生命的境遇里去。所以，当王国维的"出""入""诗说"出现在高考作文题试卷上时，我们便只能傻眼了——一篇篇不知就里的胡扯泛滥成灾，哪里能祈求会有几个像文松一样的孩子对此认知得那样深刻，运用得那样鲜活？

（4）最后，我还想说：真实的课堂不是完满的，真正的课堂是无法驾驭的；当更多的意想不到的情节和细节涌现在课堂里时，课堂就变成了一个多维的生命时空。所以，最完美的课堂就是不完美课堂，最难驾驭的课堂才是生命力旺盛招摇的课堂，越多节外生枝的课堂越富有生命的本色和梦幻般的诗意。

课堂啊——老师一生的舞台，我们的旋转只有固定的节拍却没有富有韵味的某一趔趄，跟着我们摇摆的孩子只有统一的动作却没有别出心裁的某一跳跃，那舞台哪里还叫活色生香的舞台？那我们和孩子哪里还叫流着血液的生命？

追忆——这个被我看重的词语，就这样唤醒了我生命中无数鲜活的故事，应朋友之邀，在此一叙，唤起了我对过去那些课堂的深深眷念——此刻，我真的又一次泪水蒙了双眼，酸了鼻头！

（覃国平　特级教师）

《皇帝的新装》教学手记

◎丁卫军

《皇帝的新装》是一篇传统经典课文，可谓历教不衰。日常的教学大多是围着教参转，围着已有的阅读经验转，无非是皇帝爱新装、骗子做新装、君臣看新装、游行穿新装、揭穿假新装的情节梳理，皇帝、群臣、骗子甚至是老百姓之间的相互欺骗的可笑，皇帝的昏庸，骗子的狡猾，小孩子的天真……无非就是复述故事，分析人物，概括主题的环节切换。

有一次，儿子问我：爸爸，有没有不狡猾、不精明、不贪婪的骗子呢？孩子是天真的，他的这一问竟让我无言以对，内心深处有一种莫名的羞愧。儿子是告诉我，教他几种人物描写方法，教他脸谱化的人物形象……是远远不够的。

这正如孙绍振先生所言："在语文课堂上重复学生一望而知的东西，我从中学时代就十分厌恶。从那时我就立志，有朝一日，我当语文老师一定要讲出学生感觉到又说不出来，或者以为是一望而知，其实是一无所知的东西来。"我们日常所做的就是领着孩子在文字一望而知的表面滑行，有时不断地变化教学花样而自鸣得意，完全忘却了孩子从这一经典文本中真正获得了什么，在他原初阅读体验的基础上提高了多少，这样的文本给他们精神乃至生命有了怎样的滋养，又为他们的灵魂垫高了多少？

教师的责任在哪里呢？孙先生告诉我们："文本的意蕴有三层，一般读者一望而知的只能是表层，教师读者的使命乃是率领读者解读其中层和深层密码。"

教师首先要做的就是自己走进文本的深处，发现文本的密码，找到帮助孩子打开密码的钥匙。童话到底是什么呢？义务教育课程标准试验教科书语文教学参考书（七年级上册）这样解读：童话是儿童文学的一种。这种作品通过丰富的想象、幻想和夸张来塑造形象，反映生活，对儿童进行思想教育。语言通俗、生动，故事情节往往离奇曲折，引人入胜。童话又往往采用拟人的方法，举凡鸟兽虫鱼，花鸟树木，整个大自然以及家具、玩具都可以赋予生命，注入思想感情，使它们人格化了。

事实上，童话的魅力正是在它的想象性、幻想性、夸张意味、拟人手法，正是这些的艺术表达才让孩子读起来兴味盎然，欲罢不能。我们的教学很多时候却很少顾及学生的兴趣点，也很少真正引导学生去读出这些想象、夸张的神奇之处。尽管有时也关注到了，却又陷入纯知识讲解的泥淖，把童话教得索然寡味。

我在想，是否让《皇帝的新装》放到童话的世界、安徒生的世界、学生的世界去读，让学生走进经典的世界、安徒生的世界、自我的生活世界和心灵世界中去，把"这一篇"教"大"，教出"大语文"的味道。

让学生自主阅读，教师的任务是设计出让学生走向真阅读的桥梁和支架。桥梁和支架就是活动，把生活、阅读、写作打通。

初一的学生葆有着那份好奇，心有多大，舞台就有多大，世界就有多大。我设计了这样的教学，完全作为一个活动课程来实施，给学生足够的时空。

我这一次尝试做了这样的设计：

第一板块：走进安徒生的世界

第二板块：亲近安徒生的童话

第三板块：众口评说《皇帝的新装》

第四板块：再读文本，探究质疑。

第五板块：奇思妙想，改编剧本，自导自演。

每一个板块的活动要求都是具体的，比如第三板块众口评说《皇帝的新装》，我设计了这样的活动要求：一读，读故事原文。不动笔墨不读书。运用知识积累，结合安徒生童话的思想特点、艺术特色，有圈有点。二写，写出自己的读后感受，不要求面面俱到，抓住一点，自圆其说。三交流，先小组交流，后班级集体交流。四师生对话，学生提出自己的疑问，老师与学生共同解决；老师补充学生没有涉及的问题，同时纠正学生理解中的偏颇现象。四个活动充分具体，使活动真正有落点。

五个板块，五个活动，学生有读、有写、有疑、有演，差不多一个月的时间，以安徒生这个人为起点，到安徒生童话世界，再回归到《皇帝的新装》这一篇，学生玩了个通透。

学生陈茜茜感叹说："原来也有这样的语文课。走进图书馆，上网冲浪，我们走进了更为广阔的文学世界，品味到了语文老师常提及的'亲近大师，亲近经典'的那份惬意；写读后感，我们用心阅读，多角度感悟故事的精妙，也许我们的文字是幼稚的，观点是肤浅的，但体验到思考的快乐；相互交流，我们在思想的碰撞中，取长补短；自编自导自演课本剧，一切由'我'做主。这样的语文课，我们是忙碌的，要做的事情好多，但我们同样是快乐的。这样的语文课，我喜欢。"

马力同学也这样认为："这一段的经历是奇妙的，我相信会让我们每一位同学终生难忘。圣诞节的那个夜晚，我们是多么快乐呀，我们分享着付出后的喜悦。同学们形象而本色的表演，灿烂的笑脸，愉悦的笑声和掌声，我突然领悟到了'半亩方塘一鉴开，天光云影共徘徊。问渠哪得清如许，为有源头活水来'这首诗寄予的深意。我仿佛真正地走进了安徒生的心灵世界，走进了安徒生的童话世界。"

著名特级教师郭志明先生评价说：新课改的实施，树立怎样的教师观、学生观、教材观很显然是决定课改成败的关键。丁老师对《皇帝的新装》一课的大胆改革，不仅突显了教师的教学机智，教师的作为得到了充分展现，是智慧的预设。翻看丁老师收集的学生资料卡、学生的读后感、学生改编的剧本、学生制作的服饰道具、学生表演的照片，厚重而充满灵气，七年级学生的特点展露无遗，让人感动，无不让人感受到他们在整个学习过程中所付出的努力，同样让人感受到他们的激情与快乐。教材作为最重要的教学资源得到了有效开发，文本的空间得以拓展和延伸，是生活的，也是语文的。丁老师的教学成功实现了由"教"教材向"用"教材的转化。新课改呼唤语文老师基于"语文"的大胆探索和尝试。

作为执教者，我也不断地反思自己的教学行为，不断地审视教材和学生。教师的地位和作用不能削弱。在我看来，教师永远是教的主体，学生永远是学的主人，教材永远是教学资源中的主阵地。我始终反对那种为了突出学生的"自主"性，而简单否定教师"主导"作用的观念和行为。整个教学过程应该是充分展示师生智慧灵动的过程，应该是师生生命共同成长的过程，应该是师生心灵融通的过程。教师的教必须是主动的，这是一切教学活动实施的基石。只有教师主动性的充分发挥，才会有充满情趣机智的"预设"；只有教师智慧之火的真正燃烧，才能点燃学生的智慧之火，才会产生富有创造的"生成"。学生学习的自主，不能简单地给予"话语"权，不能仅仅满足于让他们学会解决问题，更重要的是要让他们学会思考，在解决问题中学会发现问题，发表个性化的见解；不仅仅要让学生动"嘴"，动"手"，更要让学生动"脑"，动"心"。

教师要重视创造性地利用和开发教学资源。教材是资源，学生也是资源。《语文课程标准》强调"语文教师应高度重视课程资源的开发与利用，创造性地开展各类活动，增强学生在各种场合学语文、用语文的意识，多方面提高语文的能力"。教师"应创造性地理解和使用教材，积极开发课程资源，灵活运用多种教学策略，引导学生在实践中学会学习"。

教师不仅要有充分运用资源的意识，更要有开发资源的意识和自觉。教师的教学机智的重要表现之一就在于激活文本，有效地拓展与延伸文本资源，链接相关资源；要善于变"教"教材为"用"教材。同时要充分尊重和相信学生，挖掘学生的潜能，激发学生学习的积极性和主动性。查资料、讲故事、编剧本、自导自演，环环相扣，步步相生，学生的聪明才智得到了淋漓尽致的展示，自主学习、探究性学习、合作学习变成了一种学习的自觉。显然，在新课改的实施中教师的积极性、主动性和创造性的实践和尝试最终决定着学生自主学习、探究、合作的实现。语文教学活动无论采取怎样的形式，都必须是基于语文的，都必须以提高学生的语文素养为出发点和归宿。语文始终姓"语"。这样的设计尽管看起来有些"四不像"，但用"语文"的视角重新审视这一次的尝试，五大板块的设计是充满"语文味"的，每一个板块的实施都时时扣住语文学科的特点。从学生的感受来看学生是欢迎的，不仅仅觉得有"意义"，而且有趣，更重要的是有"意味"。这一次的教学尝试，学生们的收获是丰厚的，我的收获同样是丰厚的。

郭志明先生随后和我交流说，这是一次非常态的语文教学活动，如果让《皇帝的新装》回到教室，你又该如何和孩子们一起玩起来，又怎样玩出不一样的"皇帝的新装"呢？

郭老师的这一问，还是真让我再次陷入了思考，这样的活动教学如何体现《皇帝的新装》"这一篇"的特质和文本独有的教学资源和价值呢？按照教学常规，你又如何在一节课或两节课里完成教学任务呢？怎样打破固有的常规让孩子真正懂得什么是童话？

静下心来再次回到文本，研读文本，从文本中挖掘文本的核心价值。阅读批注，皇帝的新装到底是什么意思？只是作为全文的叙事线索存在？皇帝、大臣、老百姓、骗子这些人物在这一类文本中的角色定位是什么？这些问题缠绕在心头。

一个人的解读能力终究是有限的。阅读可以让我们走进《皇帝的新装》更为宏大的背景之中。孙绍振先生的《名著细读》《叙事学》《儿童心理学》等一部部书进入我的视野，开启了我对这一文本的全新认知。

孙绍振不仅让我们对童话的认识注入了新的理论元素，同时让我知道了童话故事架构的智慧，对人物不再是局限于动作语言神态的描写；叙事学则让我更多地认清了骗子这类角色的独特意义；儿童心理学使我明白了如何去理解孩子，他不仅仅是与成人的简单对比。

安徒生说：我用我的一切情感和思想来写童话，但是我也没有忘记成年人。当我在为孩子写一篇故事的时候，我承认他们的父亲和母亲也会在旁边听。

安徒生的话告诉我们童话绝不是仅仅是写给孩子看的，也是写给成人看的。成人看童话，也许更能够读出文字背后中层、深层的密码吧。

有了这样的追问，我确定以认识童话的特性为教学的主问题，以读为主要方法，聚焦语用，不仅上出童话味，还要上出语文味。

复述故事，整体感知必不可少。但是，可以赋予其更多的思维含量。用一个字概括故事，多元而精彩；用文中的"不可救药、骇人听闻、随声附和"三个成语讲故事，也是不乏奇思妙想，既贴近文本，又训练孩子的表达力。开课的变化，一下子吸引了孩子。

故事是虚构的，为什么读来如此引人入胜呢？作者在一开始设置了怎样的机关，让我们不知不觉就相信了，就进入了故事，还饶有趣味？这一问题关乎故事的建构智慧。骗子的话好找，皇帝爱穿新衣的嗜好学生常常忽视。让学生读出夸张的意味，是第一小节要做充分的，这是整个故事之本。

朗读的重要性，很多一线教师都知道，但是难在如何进行有效指导，常常漫无边际，找不到恰当的指导路径，只是一味简单重复的读，不能通过读而进入文字的内部，也不能通过读走近人物的内心世界。

以老大臣出场为例：

"愿上帝可怜我吧！"老大臣想，他把眼睛睁得特别大，"我什么东西也没有看见！"但是他没敢把这句话说出来。

"我的老天爷！"他想，"难道我是愚蠢的吗？我从来没有怀疑过自己。这一点决不能让任何人知道。难道我是不称职的吗？不成！我决不能让人知道我看不见布料。"

"哎呀，美极了！真是美极了！"老大臣一边说，一边从他的眼镜里仔细地看，"多么美的花纹！多么美的色彩！是的，我将要呈报皇上，我对这布料非常满意。"

我抓住他想的和说的话来分角色读，读出反问句，读出反复的修辞，读出感叹句的夸张，从而读出老大臣内心的惶恐不安，读出人物言不由衷，心口不一的虚伪。

同样是第二位官员，同样是想的和说的，在分角色的基础上，进行言语训练。

他把他完全没看见的布称赞了一番，同时保证说，他对这些美丽的色彩和巧妙的花纹感到很满意。"是的，那真是太美了！"他对皇帝说。

第一个训练点是："他对这些美丽的色彩和巧妙的花纹感到很满意。"这是转述，能否改写成直接表达内心的满意呢？第二个训练点："'是的，那真是太美了！'他对皇帝说。"官员如此回答，皇帝会怎样问呢？

这样的训练，不仅可以让学生在改写和对话完成中体会官员的心理世界，还可以提高学生的语言运用能力。

再如："'这是华丽的！精致的！无双的！'每个人都随声附和着。每个人都说不出的快乐。"这一句话的演读，我让孩子们在"这是华丽的！精致的！无双的！"前面或后面加上"哈哈"的感叹，君臣那种阿谀逢迎，自欺欺人的丑态突显无遗。教室里洋溢着快活的空气，这种氛围不仅是学生学而乐的表达，更是契合文本的情绪氛围。

还要通过读，激活学生的想象，在想象中加深对人物的理解。

站在街上和窗子里的人都说："乖乖！皇上的新装真是漂亮！他上衣下面的后裙是多么的美丽！这件衣服真合他的身材！"

老百姓说出这样的话的同时，内心是怎样想的呢？这自然需要学生从文本中揣摩发现，在这个国度里人们的一般心理了。这样的心理，上至皇帝，下至老百姓无不进入这样的恶性循环中，从而深刻揭示出这样的社会现实：整个社会不约而同地选择了用谎言自欺欺人。自欺欺人已经不单纯是一个人的心术不正，而是社会心理的恶性循环。

再如老百姓的微妙心理变化，也是需要教师做过细的引导的。

"他并没穿什么衣服！有一个小孩子说他并没有穿什么衣服呀！"

"他实在没穿什么衣服呀！"最后所有的百姓都说。

把这些句子做一个切分：

他并没穿什么衣服！

有一个小孩子说他并没有穿什么衣服呀！

他实在没穿什么衣服呀！

在个别文字的变化中恰恰表现出了老百姓被蒙蔽走向觉醒的微妙过程。读实在是打开文字密码的关键。

问题的设计，是需要智慧的。如何围绕本节课的主问题设计，形成问题链，打开文本的密码，是对教者的一大考验。

谁搭建这样的一个舞台，上演了这样一场闹剧？

谁造就这样精明、狡猾的职业骗子？

你如何理解孩子这一角色？

这个故事发生的时间、国度交代了吗？

骗子、皇帝、大臣、小孩子为什么都没有名字呢？

这样的层层追问，引导学生一层层走进文本的内核。例如，孩子们讨论"谁造就这样精明狡猾的骗子"这一问题，当结论统一到是这个"扭曲异化的社会"时，有孩子大声说，不仅如此，更可怕是"扭曲异化的人性"。这是何等的智慧和深刻啊！

很多老师在听完我的课，常常会发问，这是不是过于拔高了这一文本，孩子们未必能读懂这样的问题，是不是教师的一厢情愿呢？这样的层层设问，是不是有牵着孩子走的嫌疑？学生学习的自主性如何得以发挥？

这样的质疑和反问，猛然听起来是有道理的。童话就应该是快快乐乐的，轻轻松松的，但是绝不是简简单单的，绝不是应该就在文字表面徘徊的。学生阅读的快乐是建立在愉快阅读有所发现之上的，应该让他们在阅读中获得一种精神的高峰体验。这才是真阅读，才是真快乐。

课堂是师生的对话过程，是师生生命的交往过程，学生是主人是主体，教师同样应该是有所作为的，教师的讲要适度，但该讲析还是需要讲析的。比如：骗子是一面人性虚伪的镜子；儿童是成人之师，儿童是成人之父。这才是童话既是写给儿童看的，也是写给成人看的本义。在我们走向成人之路时，葆有一颗童心是何等的难能可贵。

教师的解读要贴近文本高于文本。这还不够，教师的解读应该是"为学生学"的解读，应该着眼于教学价值的发掘。

郭志明在听过我讲《皇帝新装》后作了这样的评价：

听过多节《皇帝的新装》的公开课，再听丁老师的执教，虽有似曾相识之感，又时常有独辟蹊径之慨，在课堂的推进中平中见奇，在文本的解读中曲径通幽。何以如此呢？一是引着学生进入文本妙在层层剥笋，渐入佳境，体现出一种深度；二是整个课堂教学过程亮在生本立场，自主学习，体现出一种强度；三是课堂教学方法使用重在学科方法，语文色彩，体现出一种浓度；四是语文教学目标定位精在学以致用，巧妙迁移，体现出一种厚度。

泰安市语文教研员孙善利先生这样褒奖我：你的课顶天立地，顶人性之天，立语言之地，难得。

教学《皇帝的新装》的经历，是一个慢慢提升的过程，在这个过程中不断完善着自己的语文观、课堂观、教学观、学生观。这样的探索过程是艰辛的，也是快乐的。

（丁卫军　特级教师）

《故都的秋》备教手记

◎齐泽宏

从教 28 年，送走了一批又一批毕业生，又迎来了一届又一届的学子，每每讲起一篇又一篇曾经多次讲过的课文，还总是那么虔敬而谨慎，丝毫不敢懈怠：认真、细致地研读课文，不厌其烦地查阅资料，满怀激情地做着教学设计，满心期待着有不同于往常的课堂呈现。

《故都的秋》是人教版高中必修 2 第一单元第 2 课，属于一篇自读课文。本单元共三篇课文，前一篇是讲读课文《荷塘月色》，后一篇是课外自读课文《囚绿记》。叶圣陶先生说："课文无非是个例子"，因此，本单元的讲读课就是要通过对文质兼美的典范课文《荷塘月色》的讲解，使学生能较好地掌握语言知识与语言运用能力，发展思维能力、语言感悟能力和审美能力，进而获得文化感受能力；而自读课《故都的秋》则是学生在教师的引导下，把在讲读课上获得的知识和初步培养起来的能力运用到言语实践中，并使语文核心素养得到进一步提升；课外自读课《囚绿记》则是学生运用课堂所学，独立阅读，独自运思，以培养自己课外自主学习的能力。作为自读课，其最终目的是完全实现由课内学习向课外学习的延伸，合理地拓宽学生的阅读空间，将学生现有的阅读总量科学有序地扩大，着力培养学生阅读课外优秀读物的习惯和能力。自读课是一种完全以学生为主体进行的阅读课型，它能充分体现学生的主体地位。由课堂讲读到课堂自读再到课外自读，正是由"教"到"扶"再到"放"的过程，是举一反三的知识迁移的体现。叶圣陶先生说："'讲'都是为了达到用不着'讲'，换个说法，'教'都是为了用不着'教'。"通过"讲"，最终要达到学生能自读，即通过"举一"最终要达到"反三"。

同时，自读课应以学生的体验与感悟作为教学的方法指引。自读是讲读不可替代的，它不仅有利于学生主体作用的发挥，最宝贵的是可以使学生在这里获得自主探究和自我体验的机会，即在读写实践中摸索、积累和体悟。而体验与感悟是学生心理活动的产物，是其内省的过程，是其主动探究的结果，是学生形象思维与创造性思维培养的重要途径，唯有在阅读中体验，在体验中感悟，才能使学生投身到言语实践之中，才能唤醒学生的自我意识，展现学生的主体意识，才能培养学生积极自主的运用语言的能力。

当然，学生这种体验与感悟的获得首先得有教师的必要引导。教师在吃透教材、了解学生的基础上，形成自己独特的感受和体验、思考和见解，然后再以此激活学生的阅读感受和体验、思考与见解，也就是指导学生通过听、说、读、写、思活动，认真品味散文的语言，深入领会作者的思想感情，学习使用语言进行思维与交际的能力，这也正是语文教学的本色追求和教师对学生主体意识的引导、激发与尊重的体现。

有了以上认识，我初步确定了《故都的秋》这篇课文的课堂设计思路：作为教师，我主要在阅读目标、学习方法等方面做一些必要的引导，然后把课堂还给学生，把主动权交给学生，最终放手让学生去读，以充分体现自读课的"自"的特点；让他们自己去感知、领悟、体验、联想、想象；

让他们完全融进作品，陶醉于其中，体会优美语言的精妙，获得独立的美感享受。

于是，我开始课文研读，开始查阅资料，开始了细致深入的备课。

叶圣陶先生说："教师备课要在作者的思路上。"因此，我首先尽可能全面地、详细地了解作者及其作品。我仔细研读了郁飞的《关于我父亲的〈故都的秋〉》，黄清华的《〈故都的秋〉的画面美和音乐美》、方世教的《着意绘秋景，闲笔出真情》等文章。同时，还查阅了郁达夫散文研究的相关文献，如：《郁达夫与英国感伤主义文学》（刘久明，《中国文学研究》2001年第02期）、《自我身份（认同）危机——两种文化中的孤独者和漫游者郁达夫》（张雪莲，《山东社会科学》2004年第11期）、《景语·情语——读郁达夫散文〈故都的秋〉》（杨秀媚，《名作欣赏》2005年第02期）和《隽永感伤的四季　忧生伤世的风骨——郁达夫散文中的四季解读》（李桂萍，《名作欣赏》2014年27期），并查阅了相关著作：《郁达夫》（华夏出版社1997年版）、《郁达夫评传》（素雅编，现代书局1931版）、《郁达夫文集》（三联出版社1991年版）。

我还下载了相关素材：《故都的秋》朗诵音频、视频，秋雨、秋叶、秋树、秋景、秋蝉、落日、驯鸽群、长城红枫、秋天槐树、白色牵牛花、秋天果实、秋晨秋雾、北国之秋、北京的秋天、潭柘寺、一椽破屋、廿四桥明月等图片，以备制作PPT课件。

通过研读教材及相关资料，深入思索，本课教学设计粗略如下：

课型：课堂自主阅读课

课时：2课时

操作流程：目标导向——整体感知——局部探究——思维操练——自查自结。

操作原则：目标导控，微格操作，小步推进。

操作方法：通过导学、导疑、导练、导结等目标导控的方法，在整体感知的基础上，进行片段细读，局部探究，从"感受""领悟""积累""运用"等几个层面，逐步深入，品味语言文字表达的妙处。做到知识问题化，问题层次化。

教学辅助：PPT

上课前一天，我预留了4道预习题：

1. 故都的秋给作者的整体感受是什么？

2. 郁达夫是从哪个角度写秋的？有人写秋声，有人写秋形、秋色，他写的是什么？

3. 自读这篇课文时，你有哪些疑惑？

4. 搜集郁达夫生平资料。

上课时，简单导入新课后，我请同学们举出几例历代名家描写秋的名篇和佳句。师生共同举例：

落霞与孤鹜齐飞，秋水共长天一色。（王勃《滕王阁序》）

八月秋高风怒号，卷我屋上三重茅。（杜甫《茅屋为秋风所破歌》）

停车坐爱枫林晚，霜叶红于二月花。（杜牧《山行》）

看万山红遍，层林尽染……万类霜天竞自由。（毛泽东《沁园春·长沙》）

……

那么，郁达夫笔下的秋究竟是怎样一种景象呢？

一、定标导向。

第一步，展示学习目标：

1. 领悟作家内心的独特感受，欣赏大自然的优美景致；

2. 品味诗一般的语言、意境，品鉴情景交融的表现手法。

第二步，教给学生多种学习方法：美读感染法、圈点批注法、比较阅读法、语境创设法等，引导学生初步感知文本，并力图深入其内部。

1. 美读感染法。根据文章内在要求，准确安排停顿、处理重音、调控速度、把握语调，把文章朗诵出来。通过这样的美读，让学生耳与心一起，感悟语言的意蕴、情感、韵味，以培养语感。

2. 评点圈注法。评点法是中国古代文人读书时常用的方法，是阅读的时候把读书感想、疑难问题，批写在书中的空白地方。圈注，就是用一套固定的符号，画出重要词句，标出层次段落，点出疑难之处等等。

3. 比较揣摩法。对文本的标点、字词、句子或段落，采用增、删、调、联、换、改的办法，使学生在比较中体味语言运用的妙处，以培养语感。

4. 语境创设法。根据教学需要，创设特定语境，使学生身临其境参与言语活动，从动态语言中获得语感。

二、整体感知。通过初读与粗思获得对课文整体的粗略认知。

第一步：初读。

这篇文章语言如诗一般，使用美读感染法，可以点燃学生的语文学习热情。首先，我为学生做美读示范。在贴切的背景音乐的烘托下，富有感情的片段朗读，很快感染了学生，把学生引入到文章营造的氛围里。接着，学生自由朗读课文句段，要求读准语调、语速、重音、节拍，读出情感，领略意蕴，初步体验文章的精微与高妙之美。要求学生入于眼，出于口，闻于耳，记于心，初步感知富有表现力的关键语句、精彩的文段，体会文章诗一般的音乐美、节奏感，从而感受到审美对象的美。要求学生使用评点圈注法，边读边标出重点词语、优美语句及自己的疑问。清代唐彪曾说过："读书而无评注，即偶能窥其微妙，日后终至茫然，故评注不可以已也。"因此，我坚持让学生用此法读书，这对于训练学生思维，提高自身鉴赏能力是大有裨益的。其中评点法包括点评和总评。点评以旁批、眉批与夹批的形式于字、词、句、段处作批，或赞许优点，或指出毛病，简明概括，一语中的；总评则是对一段文章或一篇文章所做的概括评价，往往写在一段文章或一篇文章的末尾。

不少学生有感情地读出了自己圈注的重点词语、优美语句：

1. 北国的秋，却特别地来得清，来得静，来得悲凉。

2. 秋的味，秋的色，秋的意境和姿态，总看不饱，尝不透，赏玩不到十足。

3. 北方的秋雨，也似乎比南方下得奇，下得有味，下得更像样。

4. 江南，秋当然也是有的；但草木凋得慢，空气来得润，天的颜色显得淡。

5. 在南方每年到了秋天，总要想起陶然亭的芦花，钓鱼台的柳影，西山的虫唱，玉泉的夜月，潭柘寺的钟声。

……

这就为下一步品味诗一般的语言、意境，品鉴情景交融的表现手法打下了基础。

接着向学生提问：

1. 郁达夫是从哪个角度写秋的？

2. 故都的秋给作者的整体感受是什么？（请用文中的一句话来回答）

3. 描写秋天，有人写秋声，有人写秋形、秋色，郁达夫写的是什么？（我在学生阅读中巡回，并给以提示，随时解答学生阅读中的困惑。）

这一步也是对学生课前预习情况的检阅。学生课前预习时已有了浅层思考，在这里再次运用老师教给的方法再做深层思考。此过程学生通过读一读、查一查、比一比的方法，捕捉初感，粗解情意，达到口脑并用之效，如与南国的秋相比。对所读内容做到品析景物，揣摩语言，初步定向，具有直觉性和随意性的特点，处于一种朦胧而不确定的状态。

第 1 问，学生回答：秋味。第一段中"他从杭州赶上青岛，又从青岛赶上北平的理由，只不过是想饱尝一尝这故都的秋，这故都的秋味"。这是中心段，是统领全篇的文字。

第 2 问，学生回答："可是啊，北国的秋，却特别地来得清，来得静，来得悲凉。"即，清、静、悲凉。

第 3 问，也就是说他该怎样赏玩这故都的秋味，同学们又一遍快速阅读，筛选信息，粗理课文的线索，并积极回答：

有学生回答：如第 3 段秋晨民居小院所见的"很高的碧绿的天色"，青天下的"驯鸽"，槐树叶底"漏下来的日光"，破壁腰中的蓝色的"牵牛花"，"几根疏疏落落的尖细且长的秋草"。

有学生回答：第 4 段早晨铺得满地的槐树"落蕊"，第 5 段被称作"北国的特产"的衰弱的"秋蝉"。

有学生回答：第 6 至 10 段中的又奇又有味的"北方的秋雨"以及雨后感叹秋凉的"都市闲人"，第 11 段北方的"枣子颗儿"和其他鲜果。

我进一步问：在南国的时候，每年到了秋天，最让郁达夫思念的是北国的哪些景物？

学生回答说：是陶然亭的芦花、钓鱼台的柳影、西山的虫唱、玉泉的夜月、潭柘寺的钟声。

我又问：可为什么到了故都他却不着力写这些景物，只是匆匆的一笔带过，反而大写牵牛花、槐蕊、秋蝉、秋雨、秋枣呢？请大家讨论交流。

通过再读课文、同学间讨论，大多数学生都找到了作者情感的投射点：

同学1：我认为牵牛花、槐蕊、秋蝉、秋雨、秋枣是秋天的代表性景物，更能表现秋味，选择它们更有典型性。

同学2：牵牛花、槐蕊、秋蝉、秋雨、秋枣是人们生活中在平凡不过的东西，作者想从平凡中写出不平凡的味道来。

同学3：从身边的细小的熟悉的事物写起，更易引起人们对秋的共鸣。

同学4：风景名胜，游人熙熙攘攘，不符合本文"清""静""悲凉"的感情基调。

可紧接着有个别学生产生了疑惑：

同学1：从以上的景物描写，作者所说的秋味似乎并不浓呀？

同学2：牵牛花、槐蕊，好像并不能让人感受到印象中的秋的那种色彩浓烈，相反倒是淡淡的感觉。说"落寞""颓废"好像更贴切。

同学3：作者在课文第12自然段中把南国和北国的秋进行了对比，说南国之秋"色彩不浓，回味不永"，那也就是说北国之秋"色彩浓，回味永"，这个难以体会。

学生的这些疑惑恰恰是我希望听到的，这说明学生已深入文章，触动了思维的琴弦。于是，我趁此进入下一个环节——

第二步：粗思。

学生在初读、初感的同时或之后，对捕捉到的语意粗加思考。

设问：在对这些自然风物中的描写中，哪些地方突出了"清"、哪些地方突出了"静"、哪些地方突出了"悲凉"？

学生结合文中注释，通读课文，认真圈注记录，大致把握课文内容及结构，初步感知文中蕴含的作者情感；同时，学生们通过同桌或小组内议一议、辩一辩的方式讨论交流我提出的问题，大家很快有了各自的答案。下面是学生答案的整理：

第3段写秋院，"很高很高的碧绿的天色""牵牛花的蓝朵"突出的是"清"；"听得到青天下驯鸽的飞声""细数着一丝一丝漏下来的日光""静对着像喇叭似的牵牛花"突出的是"静"；"一椽破屋""破壁腰""牵牛花的蓝朵""秋草"突出的是"悲凉"。

第4段"秋槐图"中，"落蕊""铺得满地""一条条扫帚的丝纹，看起来既觉得细腻，又觉得清闲"突出的是"清"；"脚踏上去，声音也没有，气味也没有，只能感出一点点极微细极柔软的触觉"突出的是"静"；"潜意识下并且还觉得有点儿落寞"突出的是"悲凉"。

第5段写秋蝉的"衰弱""残声"突出的是"悲凉"。

第6~11段写秋雨，"灰沉沉的天""云渐渐地卷向了西去""很厚的青布单衣或夹袄"突出的是"清"，"息列索落"下雨声及慨叹着天凉了的话突出的是"静",也有"悲凉"。

我接着提出探究性问题：为什么郁达夫笔下的秋景会呈现出"清""静""悲凉"的特点？

学生阅读文本，围绕提供的问题思考、讨论。我也参与讨论和辩论，并相机点拨，请学生关注郁达夫的个人遭际和社会风云。很快就有同学就展示了课前预习搜集到的资料：

1933 年 4 月，由于国民党白色恐怖等原因，郁达夫从上海移居到杭州，撤退到隐逸恬适的山水之间，思想苦闷，创作枯淡，而这篇散文写于 1934 年，作者正处于苦闷时期。这篇文章正是郁达夫用他的情感绘出的一幅细腻深沉的主观意境图，"清""静""悲凉"正是他此时心境的最好写照。

紧接着有学生认识到：作者因个人遭际和社会风云而在故都特定的氛围中所产生的特别"浓烈"的是情感，而非景。我帮助学生结合生活经验进行联想比较，进一步体验情景，感受语言，触发语感。学生认识到：牵牛花、尖细的秋草和槐树的落蕊，还有蝉声，这些景物浓浓地写出了作者内心的清闲和落寞。学生豁然开朗，对上一环节中产生的疑惑也就有了答案。

在这个环节上，我指导学生有意识地联想与这一词语相关的词语，使之从已有的语言积累中去搜寻可以替换的材料，并进行比较：景物的安排顺序是按照清、静、悲凉来排列的，牵牛花凸显的是"清"，槐蕊凸显的是"静"，秋雨、秋蝉、秋枣凸显的是"悲凉"。这对深层理解文章、词句起到很好的点拨作用，激发了学生积极运用和锤炼语言的兴趣。

三、局部探究。充分发挥学生间的合作学习和探究学习的能力。

第一步，深入理解文本，领悟语言内涵。设问：

1. 课文中用了"青天""蓝朵""秋草""落蕊""树影""灰土""灰

沉沉的天""青布""枣树"等词语，这些视觉形象表了作者怎样的情感？

2. 课文中描写到驯鸽的飞声、秋蝉的衰弱的残声、息列索落雨声、慨叹着天凉了的人声等等，这些关于"声"的描写是否与文章中"静"的描写矛盾，其作用是什么？

3. 本文是写景文，为什么在 12 段插入对写秋诗文的议论？

学生再读课文，认真思索，相互讨论交流，很快多数学生有了答案并积极展示。归纳整理如下：

1. 这些视觉形象属于冷色调，写出了作者内心的清闲和落寞。

2. 这些关于"声"的描写与文章中"静"的描写并不矛盾，相反，反衬了故都的静，这里运用了以动衬静的手法。

3. 说明感秋处处有，范围广，人数多，不分国别、阶级，而中国的文人最突出，但这秋的深味"非要在北方，才感受得到底"，还是为了突出北国之秋。这使整个文章的情、景、理交融起来，充实了内容，深化了主题。所以本质上还是对故都的秋的更深层次的赞扬、热爱、向往。

第二步，体验人文情怀，感悟美感哲理。设问：

1. 郁达夫不写北平的最引人注目的宫殿庙宇、亭台楼阁，而是写寻常百姓的家院和普通街景，体现了作者怎样的情怀？

2. 下面选文中用了哪些手法来描写的，好处是什么？

（1）在北平即使不出门去吧，就是在皇城人海之中，租人家一椽破屋来住着，早晨起来，泡一碗浓茶，向院子一坐，你也能看得到很高很高的碧绿的天色，听得到青天下驯鸽的飞声。从槐树叶底，朝东细数着一丝一丝漏的日光，或在破壁腰中，静对着像喇叭似的牵牛花（朝荣）的蓝朵，自然而然地也能感觉到十分的秋意。

（2）像花而又不是花的那一种落蕊，早晨起来，会铺得满地。脚踏上去，声音也没有，气味也没有，只能感出一点点极细微极柔软的触觉。

在上一步"读"和"思"的感知和体验的基础上，学生对文本内容的理解逐步接近了作者创作时的心态，从而诱发其分享个人所得的欲望，呈现"心求通而未得，口欲言而弗能"（朱熹语）之态。当此之时，我相机点拨，帮助学生体会作者运用语言的技巧，理解文本表情达意的功能。学生经过一番思索，积极作答，内容整理如下：

1. 作者专注于写寻常百姓的家院和普通街景，说明其审美眼光是和普通百姓的生活紧密联系在一起的；他以热情洋溢的文字表达了对古今中外赏秋诗文、赏秋文化的珍爱，说明他在赏景中体验和感悟到了故都的文化气息。

2. 这里用了视觉描写和听觉描写。景物写得非常细致，"清天下驯鸽的飞声"，有声；写"碧绿的天色""一丝一丝漏下来的日光""像喇叭似的牵牛花（朝荣）的蓝朵"，有色；也写了观景、赏景的心态、动作，如"细数""静对"，透露出悠闲、惬意。总起来说，有声有色、有动有静地表现了作者热爱故都之秋的情怀。视觉描写和听觉描写的运用，给读者以逼真的感受。落蕊铺得满地，写视觉形象；脚踏上去，没有声音，也没有气味，是触觉感受。作者此时的心境，应该是既欣喜又落寞。

四、思维操练。

结合课文，运用比较、分析、综合、概括、联想、想象等思维方法对学生进行思维训练，培养其运思能力。如就课文 3~6 段设问：

1. "说到牵牛花"，作者认为"以蓝色或白色者为佳，紫黑色次之，淡红者最下"，为什么？

2. 作者写槐树，是静态的写，还是动态的写？体现在哪些方面？

3. 作者在文中写到"秋蝉"和"秋雨"，虽详略不同，但表现方法却是一致的。请简要赏析。

4. 结合《故都的秋》和《荷塘月色》，谈谈怎样阅读写景抒情类散文。

学生在学习小组内踊跃参与，各抒己见，充分表达自己见解，激发了发散思维，诱使自己对所给问题的深层次的理解。这个过程中，有思维碰撞的火花，有分歧争论，也有赞赏认同，学生对文本的理解渐渐由感性而至理性。这时，我要求学生大声地、有条理地表达出个人的理解和观点。在此，其他学生提出修正意见，我相机作适当点拨，同时对后进学生进行必要的辅导和激励，并给出确定的评价。答案简要整理如下：

1. 秋的特征应是清淡，蓝色或白色正是清淡的颜色，这与作者的心情一致。

2. 是动态的写，写出了动感，具体体现在：①使人联想起它是秋的点缀；②落蕊铺满地；③扫街的留下扫帚纹。

3. 都运用了对比手法，将故都的蝉和雨与南方的相比，并以南方的蝉和雨来衬托故都的蝉多与雨奇。

4. 阅读写景抒情类散文，概括地讲，应做到：把握文体特征，鉴赏写景手法，品味语言特色。

五、自查自结。

一是通过对前面的内容进行适时适度的迁移训练，以变式练习，延伸其达成目标，最终达到积累语言、培养语感的目的。

设问：关于这篇文章的感情基调，有两种说法：有人认为是悲秋，但有人认为是颂秋。你认为呢？请说说你的理由。

学生通过相互讨论、认真思考并综合之前的所思所感，得出相对一致的认识：

这篇文章的感情基调应该是颂秋。因为文章开头的"我的不远千里，要从杭州赶上青岛，更要从青岛赶上北平来的理由，也不过想饱尝一尝这'秋'，这故都的秋味"，文章最后的"秋天，这北国的秋天，若留得住的话，我愿意把寿命的三分之二折去，换得一个三分之一的零头"，都直接表达了作者对故都之秋的深深向往和眷念。郁达夫的个人遭际和社会风云以及其特有的忧郁气质，使得文章总的感情基调是深沉的忧思和落寞的悲凉。

二是通过课堂限时拓展训练，使学生强化达标，活化所学，积累语言。补充拓展性阅读材料《江南的冬景》（作者郁达夫），并辅以必要的训练题，让学生通过书面或口头表达出他们思维的结果：

1. 本文开篇有何特点？作用是什么？

2. 从全文来看，作者写到江南的哪些冬景？表达了作者怎样的情感？

3. 在写到江南的冬雨时，作者写道"这不是江南冬景的迷人又是什么"。你认为作者在这里感到的"江南冬景的迷人"之处是什么？

4. 作者运用一系列对比描写了江南的冬景，请简要分析。

我及时检查、纠正或补充，并不失时机地做变式拓宽练习。

这篇课文按计划顺利完成。

事实上，语文自读课相对于讲读课而言，对教师提出了更高层次的要求。一是要深入钻研教材，明确教学目的和要求；二是要注意两种课型知识迁移的衔接与能力训练的衔接，完成由教师"教"向学生"学"的过渡与转化。特别是这种课型重在通过自读来训练学生的心智，它一方面必须遵循教学的基本原则和目标要求，不能任学生信马由缰；另一方面还要体现自读课"自"的特点，要敢于放开手脚，让学生充分地"动"起来。这是我讲完这节课后得到的感悟。

（齐泽宏　特级教师）

《林教头风雪山神庙》备教手记

◎王海洋

2015 年 10 月 29 日，中国教育学会在重庆举办"'云时代'教育家成长"论坛，作为重庆市首批未来教育家培养对象，我领受了组委会安排的一堂高中语文现场课——《林教头风雪山神庙》的任务。

这是人教版高中语文第五模块第一单元第一篇选文。作为小说，自有其区别于其他文体文本的特点，比如小说的三大要素、多义主题、多样语言和叙述视角等，以此思路，就有不同的教学内容点。一篇选文，或一堂课，面面俱到不宜，依老师个性化喜好或个人化理解来选择也不妥。如何择定教学点？这是摆在每一位语文教师面前最棘手的问题。毕竟，语文教学最大的问题不是教学方式的问题，而是学科内的问题，比如学科本体知识模糊，繁复性、重复性和零碎感明显，而系统性、逻辑性和层次感不足等。

为此，我们需要在对文本教学内容进行详细梳理的前提下，依照学科核心素养、文体属性等原则做合宜的选择。

文本内容的梳理，要尽可能地系统化。经过十几年的实践研究，从言语的视角，我们提出了"言语 3i"综合教学思路。作为一种行为，或行为结果，"言语"除了需具备的知识（语料与规则）外，还需遵循自身的逻辑，且本身富含历史、文化、审美等元素，它们对应着"知"（知识与结构）、"思"（思维与逻辑）和"诗"（诗心与创造）三大因素，因这三个字韵母都是"i"，故简称"3i"。

据此，我以条目的方式对本文教学内容做了列举。"知"的方面，包括文体知识（小说三要素等），语料知识（重点词汇等），文学常识（话本与《水浒传》、有关林冲内容的章回等），写作知识（如复沓式描写、伏笔、人物细节等），意象知识（如酒、雪与火的象征意义）；"思"的方面，包括文章结构，过程还原（如林冲性格的发展变化），因素分析（如林冲成功脱险的因素）；"诗"的方面，如"官逼民反"的历史观，暴力美学，人格与气质的审美，环境渲染与情节冲突中的美学等等。

通过探究与梳理，不难发现，本文的教学价值点不少，而且具有统领性的教学点也不少，如人物细节、三大意象、性格分析、环境描写等。但基于语文学科核心素养、小说文体属性和综合教学因素考虑，我试着从"思"（思维与逻辑）的角度，选择了更具综合性的教学视点——因素分析（归因分析）这一点，来统领诸多教学内容，也就是着于一点做"深井式"探究和"地道式"延展；至于其他的，特别是"知"方面的积累，完全可以通过知识清单的方式加以呈现，供学生识记、理解并掌握。

因素分析或归因分析，这是一种非常重要的思维方法，文本阅读、日常生活、学习工作乃至社会交往，处处都需要因素分析。针对本文，分析什么？并且分析点要具有足够的包容性或统整性，转化一下，就是教学中的"主问题"或"主项目"。经过反复研读和斟酌，最终我确定了"面对奸计，林冲成功脱险依托了哪些因素"这一主问题。

一篇长文，一节课来完成，何况思维难度还不小，这就需要学生有充分且指向明确的预习。为此，我设计了如下的预习案：

1. 用 60 字左右的文字概括小说内容。

2. 林冲脱离险境，哪些因素起了作用？请分条加以列举，并在文本中找到相应依据。

3. 从林冲脱险之事中，你从中获得了什么启发？请用简要的语句表达。

此外，为了体现"云课堂"的基本特征，学生人手一台平板电脑，所有现场信息通过终端实现在互联网界面上的共享，教与学的过程全开放。

下面是这堂课的教学流程还原（学生的言行表现略）：

师：同学们，小说是大家熟悉且广受喜欢的文体，谁来解说一下小说的基本构成要素及其关系？

生：略。

师：小说由人物、环境和情节构成。其中，核心任务是通过刻画人物形象、塑造其性格来揭示主题，人物的言行表现及其性格形成的过程就是情节，人物、情节等所处的特定背景即环境（包括自然环境和社会背景）。其中，主题与人物性格等属于潜在的，环境、情节和人物言行等属于显性的。(PPT 呈现关系图)

师：今天，我们要探讨的小说从标题来看，明确的要素有哪些？

师生：林冲——主要人物，风雪、山神庙——（自然）环境，社会背景呢？需要补充。欠缺的就是情节。如果把三者补充完整并有序地组合在一起就是小说的内容。

师：请将预习第一题拍照上传。(PPT 呈现随机选择的 13 份内容概括中的 5 份) 一起看看并评价其优劣。

1. 林冲刺配沧州，被分去看守草料场，大雪天借宿山神庙，凑巧听见陆谦和富安受高俅指使来陷害林冲的谈话，林冲愤怒中杀死二人，并投靠梁山。

2. 林冲被刺配后遇到了李小二夫妇，来往甚密，后来，高衙内派人刺杀林冲，李小二告密，陆虞侯三人放火烧林冲屋子，林冲因在古庙中正好躲过并听到了事情真相，大怒，杀了陆三人。

3. 林冲在封建统治者一逼、再逼、逼得无路可走的情况下，他终于由逆来顺受、委曲求全到拔刀而起怒杀仇敌，走上反抗的道路。

4. 从沧州遇旧说起，林冲买刀寻敌时听说了陆谦的到来，三日未见其消息，而后又杀死陆谦。

5. 被刺配到沧州的林冲得到李小二报信说有人对他不利。寻仇未果，林冲被换至草料场。晚归，因雪压塌草厅入古庙。仇人害林冲不成被发现，被林冲杀掉，林冲逃。

生：略。

师：评价优劣，需要有标准。小说内容概括，要素要齐全，顺序要合理，并符合字数要求。其中，要素包括哪些？如何表述更合理？我们以第一份答案为基础，一起进行口头完善。（参考答案：北宋末年，八十万禁军教头林冲因触犯上司太尉高俅被刺配沧州看守草料场，遭人设奸计陷害，风雪之天，借宿山神庙，明晓事情原委，最后被逼复仇上了梁山。）

这是教学的第一环节——文体与文题，8 分钟左右。涉及文体知识教学和文章内容概括。明确小说要素，更关键是明晓他们的结构关系，因为知识只有结构化了才真正有效和有用。以此来审视小说标题，欠缺的要素有社会背景和情节；自然引出小说情节概括的活动。针对随机取样的内容概括，师生共评，最终目的是要引导学生明白，任何评价是需要标准的，进而明确小说内容概括的基本标准——要素齐全、顺序合理；推而广之，阅读理解、作文审题以及对话交流等方面，都会用到概括这一思维方法。

师：如果说，《水浒传》这部作品是社会的一面镜子，那么林冲就算是镜中影像，从中折射出的就是作品的主旨：社会的黑暗腐败，必然导致民众的奋起反抗！今天我们就把目光聚焦在林教头身上，探讨一个有趣的问题。（PPT呈现"林教头识破奸计、成功脱险依托了哪些因素或条件？"）

师：首先，结合背景材料和本文内容，请同学表述一下林冲面临的"奸计"。（PPT呈现背景材料）

生：略。

本文节选自《水浒》（七十一回本）第十回"林教头风雪山神庙，陆虞侯火烧草料场"。与课文前后相关的情节如下：林冲原是东京八十万禁军的教头，他的上司太尉高俅的儿子高衙内看上了他的妻子。高俅及手下陆虞侯设下一条毒计，让林冲买了一把宝刀，然后高俅命令林冲带宝刀入府，乘机诬陷林冲阴谋行刺，林冲因此被刺配到沧州。在去沧州的路上，押送的公人被陆虞侯买通，多次想杀害林冲，幸亏被鲁智深救下，安全来到沧州。以下是本文的情节。后来林冲逃到柴进庄上，柴进又把他介绍到梁山，成了农民起义军的一员。

师："奸"，阴险、狡诈，用心险恶，体现在陷害和霸占；"计"，计谋，有规划，体现在设了一个死的局——看守军事物资、纵火，要么不留痕迹地被烧死，要么死罪。

师：接下来，在自学案的基础上，小组合作探究"脱险的因素"。要求：（1）在预习案的基础上，分条汇总，再合并同类项，同时要求用词语概括是哪一方面。（2）小组长将结果拍照上传。（3）小组代表做表述，简要解说和举证，力求有理有据。

生：略。（小组活动与4个小组代表发言。用时15分钟左右。）

师：经过大家的共同努力，罗列出了十几个具体原因，并在此基础上进行了分类概括，在天气和性格这两点上达成了共识。请齐读一下文中三处"风雪"句。（PPT呈现）

正是严冬天气，彤云密布，朔风渐起，却早纷纷扬扬卷下一天大雪来。

雪地里踏着碎琼乱玉，迤逦背着北风而行，那雪正下得紧。

看那雪，到晚越下得紧了。

师：三处写"风雪"，用意何在？与林冲脱险存在怎样的关联？

生：略。（点拨明确：渲染紧张氛围，推动情节发展。因为风雪，才会买酒驱寒，偶遇山神庙；因为雪大风急，草屋坍塌，才会借宿古庙，进而听闻真相。）

师：性格呢？概括一下林冲性格特点，这些性格与其脱险又存在何种关系？（PPT呈现）

却得林冲主张陪话，救了他，免送官司；又与他赔了些钱财，方得脱免。京中安不得身，又亏林冲赍发他盘缠。

"恩人不知为何事在这里？"林冲指着脸上道："我因恶了高太尉，生事陷害，受了一场官司，刺配到这里。"

林冲道："这屋如何过得一冬？待雪晴了，去城中唤个泥水匠来修理。"

看见一所古庙，林冲顶礼道："神明庇佑，改日来烧纸钱。"

林冲道："却不害我，倒与我好差使，正不知何意？"

把花枪挑了酒葫芦，将火炭盖了，取毡笠子戴上，拿了钥匙出来，把草厅门拽上。出到大门首，把两扇草场门反拽上锁了。

那两间草厅，已被雪压倒了。……恐怕火盆内有火炭延烧起来，搬开破壁子，探半身入去摸时，火盆内火种都被雪水浸灭了。

入得庙门，把门掩上，傍边止有一块大石头，掇将过来，靠了门。

生：略。

师：林冲自身的言行，里面透视出的就是心理特质。人物分析，一定程度上说就是广义的心理学分析。大家说到了林冲的善良仗义、谨慎缜密、安分隐忍，很好理解，前两点与成功脱险关系密切，可以说直接拯救了自己，安分隐忍呢？有无关系？

生：略。（点拨明确：安分则少是非，小不忍则乱大谋）

师：除了以上两点外，还有另外一个重要因素。请看下一组文字。（PPT 呈现）

李小二慌忙道："恩人请坐，小二却待正要寻恩人，有些要紧话说。"

小二道："恩人，只愿如此。只是自放仔细便了。"

老军指壁上挂一个大葫芦，说道："你若买酒吃时，只出草场，投东大路去三二里，便有市井。"

林冲道："你认得这个葫芦么？"主人看了道："这葫芦是草料场老军的。"林冲道："原来如此。"店主道："既是草料场看守大哥，且请少坐。天气寒冷，且酌三杯，权当接风。"

师：这里面李小二、老军和主人，与林冲是什么关系？他们与林冲脱险有何关系？

生：略。（点拨明确：三个人其实代表的是三类人——底层、同行和老板。正常情况可能是不屑、猜疑和防备。但林冲相处很好。与店小二夫妇关系融洽，获得诸多信息，让林冲心生警惕；与老军将心比心，得到外出沽酒的指点；与店主的融洽，得以接纳。）

这是教学的第二环节——设问与讨论，25分钟左右。立足问题，引导学生进行因素分析或归因分析，思维训练要求较高，包括现象列举中做分类概括，解说中做举证，天气、性格、人际与林冲脱险之间的关系分析，等等。同时，也充分体现了小说文体教学的基本要素，包括环境描写作用（属于知识教学）、人物性格分析等。

师：面对奸计，林冲成功脱险，并复仇上了梁山。齐读文章最后一段。（生齐读）

师：事实上，林冲脱险一事，里面还蕴含有一些生活道理。比如文中"原来天理昭然，保佑善人义士，因这场大雪，救了林冲性命"，"天理"暗示了一种什么观念？

生：略。

师：善有善报，告诉人们要心存善意，多做善事。其实，这里面包含的是一种因果观。审视一下林冲脱险的三因素，不难看出，良好的人际关系、缜密的性格和特殊的天气是因，识破奸计、复仇成功是果；而三因素中，善良仗义的性格是因，良好的人际又是果。

因果观告诉我们，原因决定结果，有原因就一定会产生结果，结果又会转化为原因产生新的结果。所谓"树有根，水有源，凡事总会有因缘"。

日本古代传说中有一则笑话——"大风起，桶铺喜"：大风吹起漫天尘埃，尘埃损坏了很多人的眼睛，以致盲人大增；盲人大多要学三弦琴糊口；做三弦琴需要很多猫皮；杀了猫，老鼠猖獗，农民很多木桶被咬坏；于是桶铺的生意兴隆起来。这则笑话有些夸张，但从一个侧面说明了事物在发展变化中的因果链关系。

生活中无不如此。"没有无缘无故的爱，也没有无缘无故的恨"，说的也是这一道理。

师：其实，一定程度上讲，生活就是一种关系，生活哲学也就是一种关系哲学。请从以下关系中选择一项，结合"林冲成功脱险"和生活感悟，参照老师对"原因与结果"的解说，写一段文字，作为练笔作业上传。

客观与主观
偶然与必然
量变与质变
主要与次要
内因与外因
过程与结果

生：略。

这是教学的第三环节——拓展与深化，6分钟左右。林冲成功脱险，蕴含有丰富的生活道理。文中"原来天理昭然，保佑善人义士，因这场大雪，救了林冲性命"，狭隘地去看，是一种因果报应，这需要从认知上进行纠偏或矫正。提供的六对关系，都值得一写，而且是可以联系我们的生活实际的。因时间关系，此写作活动未能完成，只能作为作业处理。

师：同学们，今天我们围绕一个主问题，分析出了林冲脱险的三大因素。从中，我们不仅看到了那个时代的风云变迁，还懂得了一些为人处世法则，甚至还参悟出了一些生活哲学。这就是小说本身的智慧所在！同学们，带着感悟和智慧，好好地学习和生活吧！

除了教学手段的特别要求外，本课例是对"言语3i综合教学"的常态实践：在"言语3i"的系统梳理的前提下，找到一个综合性的教学视点，并把它转化成一个主问题或主项目，然后逐层分解深挖，最后适度拓展延伸。课例中的第一环节侧重在文体元素，涉及文体知识的优化与知识的迁移运用；第二、三环节侧重于问题元素，立足于言语"思"的层面，将小说的传统教学要素浓缩在一个有着较高思维含量的问题中，并通过延伸和深化，进入生活哲学层面，涵泳学生的思想，间接触及人格修养的"诗"的层面。

（王海洋　重庆市第七中学副校长）

《闹市闲民》备教手记

◎何　郁

　　真是说来话长！这是 10 年前的一个故事，不过已经延续到今天了。10
年前——2007 年，我讲过一次公开课。那时北京市高中学校要求进入新一
轮课程改革，一时间"新课程"成为热词。可是新课程的课怎样上？新课
程的课长什么样子？谁也不知道。上级领导和专家，只是要求我们教师要
转变观念，要上新课程的课，可到底什么是新课程的课，他们也说不出来。
如此一来，老师们几多彷徨苦闷啊！没办法，作为教研员，我想我应该上
一节课了，为自己区域的老师——也就是北京市朝阳区的语文老师探一探
路。那时候在北京，教研员亲自上课，还是个新鲜事物，听说我亲自披挂
上阵，北京市基础教育研究中心中语室主任刘宇新老师颇为兴奋，也大为
肯定，并亲自安排专家给我评课、鼓劲。

　　就是在这种情况下，我提出了一个口号："我的语文我做主"，想以这
句话体现我对语文教学的一些基本思考。没想到的是，居然引起一点风波。
一位重量级的领导专家，在一次全市性的培训大会上说，有位教师提出
"我的语文我做主"，这是多么荒唐的说法，这是与语文新课程精神背道而

驰的，是极其错误的。还说，新课程的课谁做主？是学生，学生才是语文课堂的主人。——我怎么觉得这话特别像闹革命时那些造反派说的话呢？语文课堂不由语文老师做主，却由学生做主，你见过还有比这更荒唐的说法吗？当时，我差一点就要冲上讲台去跟他理论一番，幸好旁边有老师按住了我的手，说，"何老师，您刚来北京，我劝您多听多观察，再说话不迟。"毕竟在人家屋檐下，毕竟自己才疏学浅胆子小，就自己先行熄火了，但从此这个专家的言论，我是不大瞧得起的。

又经过了 10 年的辛苦磨砺，"我的语文我做主"这个说法错了吗？没错，相反我还更加坚定了。是的，语文课堂就应该由语文老师做主，即便你有统编教材，即便你有部颁标准，在我的语文课堂上，我就是主人，课程标准的落实，语文教材的取舍，统统由我做主。否则，就由你来上课！再进一步说，万一标准和教材禁不起推敲呢，有错呢？至少我还可以把一下关。在我的课堂上，是我在替学生负责。可能有的老师会说，难道在语文课堂上，不能够由学生做一点主吗？比如让他们主动学习，积极参与，甚至自我开发一些课程资源？没错，当然应该，而且应该提倡这样做，但问题是，这一些都必须在老师的统一指导和安排下进行。课堂上就没有完全放任学生做主的说法——即便是学生自主的汇报展示课，那背后牵着的一根绳子也在老师手里。那样做，我认为只能是不负责任。——又或许有一天，就像朱永新先生说的，将来的实体课堂不存在了，网络足以发达，学生不用在实体课堂里上课，教与学将发生天翻地覆的变化，教师的权威性将不复存在。但那是将来，至少 5~10 年是不太可能，那我们就来说说眼下的话。

2007 年 11 月 21 日，我在北京市朝阳区工大附中上了一节课，讲汪曾祺先生的《闹市闲民》，一篇散文，算是朝阳区推进新课程的一节汇报展示课。对于教研员上课，我想得不多，没有感觉着有多大压力，因为我觉得身为一个语文老师就应该上课，教研员不就是一名语文老师吗？上课前，有一个老师问我，紧不紧张，我说不紧张，我说的是真话，有什么好紧张的呢？不就是上一节课吗？

但是对于怎样上这一节课，我却思考了很长的时间。我不是怕上砸了，我是担心课虽然上了却说不出个一二三，讲不出道道来。我主要是想在三个问题上有所思考。第一，选一篇什么样的文章授课？第二，教学目标如何确定，教学环节如何推进？第三，要不要用课件，怎样用？

先说第一个问题，选一篇什么样的文章作课。几经推敲，我最后从汪曾祺的散文中，挑出了一篇《闹市闲民》。为什么最后选定这篇文章，原因可能是多方面的，比如这篇文章写的是普通的北京人的生活，学生阅读起来并不陌生，有话说，不至于上课冷场；又比如这篇文章的篇幅较为短小，适合用一节课来学习，教学任务容易完成；还比如这篇文章文字简洁流畅，初读没有什么文字障碍，但细细品读，却有无穷的韵味，这样的文章也适合在一节课里与学生共同来学习。所有这些原因可能促使我最后选定用这篇文章来授课。然而，这些原因都不是最主要的，最主要的原因是我想用一篇课外的文章来说明我对语文教材的一个基本认识。

叶圣陶先生说"教材无非是一个例子"，这句话我们一直奉为圭臬，这自然是对的；但叶老并没有说明教材这个例子由谁说了算，这自然也不怪叶老，因为在那个时候不用明说，全国所有的语文老师都是按照上级的统一指示在用同一个教材教学，教材是绝对权威，老师自己是没有多少选择权力的。但是现在不同了。我还听说，有一些较有思想的语文老师就不按教材上课，或者只讲古诗文，现代文放给学生自读；或者只讲文学作品，说明文、议论文放给学生自读；或者碰到现代诗歌就跳过去，绝不讲，但强调学生诵读……这些都说明老师对教材的使用是有自己的选择权力的。想当年，叶圣陶、朱自清和夏丏尊等语文先贤在白马湖春晖中学教书时，不都是自己编写教材吗？为什么到了今天，更加民主了，更加开放了，我们却反而唯一种教材是瞻呢？既然教材是一个例子，就应该有一个各有取例的权力，就应该允许老师对教材做大胆的选择和取舍。或许这样做，才能更大程度上照顾到我们老师的个性差异。

新课程强调注意培养学生的个性，请注意，千万不要忽视了语文教师的个性也应该得到关注。基于这样一些思考，我就大胆地从课外去选一篇文章来授课。上课前，有一些老师问我，上什么篇目，哪个版本，我笑着说：何郁版本。我觉得，语文老师上课，如果适当地对语文教材进行整合和取舍，或者从课外挑选自己比较熟悉或者有一些研究价值的材料来上课，避其短，扬其长，未尝不是一种聪明的做法。

现在想来，这些说法和做法已经不新鲜了，教师对教材的自主开发权力几乎已经达成共识，人们普遍都认识到，教师对教材有一定的开发和处置权力。不仅教师对教材有开发和取舍的权力，就是学生也可以在老师的指导下，对教材作一定的处理。这几乎已经是共识了。

第二个问题，教学目标如何确定，教学环节如何推进。我的做法是，先把教学目标定下来，至于教学环节的推进，可以初拟一个简要的提纲，上一节课试一下，有问题再作调整。基于这样一个想法，我先在东方德才学校试讲了一下。这节课，着重是指导学生初读和朗读，在朗读中感悟文中的"活庄子"。但毕竟是十多年没有上讲台了，教学时间把握得不好，有些教学任务没有完成，甚至有些重点内容没有得到充分的讨论。在一些老师的帮助下，我对教学环节的预设作了一些调整，减少"读"，强化"品"，因此第二次试讲时，我就将文章先发给学生读，但不给明确的学习任务，目的是让学生熟悉课文，免得课堂上耽误时间。在教学目标做了微调后，我在三里屯一中又试讲了一次，这一次教学任务基本完成，"读"弱化了，"品"增加了内容，课堂上学生讨论交流较活跃，不少学生有精彩发言，有些问题学生学习得还比较充分。这样，我就十分自信地认为《闹市闲民》这个课可以上了。在又一次吸收了一些老师的意见后，我将两次试讲的内容做了一个整合，最后写成了这样一个教学简案：

教学目标：

1. 大体读懂文章内容。

2. 锻炼品词读句的能力。

3. 试图对老人的生活态度作出一些评价。

教学重点：

梳理并理解老人"闲"的特点。

教学难点：

理解作者为什么说老人是一个"活庄子"。

教学方法：

提问、朗读、品读、揣摩、讨论、点拨。

教学步骤：（以下三方面的内容将根据课堂上学生的学习情况适时调整）

一、主要是朗读，梳理文章内容，大体读懂文章。

1. 速读文章。读题目，发现问题。

2. 朗读相关段落，梳理文章内容。

二、主要是梳理，力争读出文章的味道。

1. 品读有关词句，感悟老人"闲"的特点。

2. 品读相关词句，理解"闹"的含义。

三、主要是讨论，讨论作者为什么说老人是一个活庄子。

1. 着重学习最后三个自然段，体味作者的感情。

2. 品读有关词句，揣摩并讨论作者为什么说老人是一个活庄子。

3. 理解并初步评价老人的生活态度。

板书设想：

住所（简单，清贫）

外貌　打扮（清癯，仙风道骨）

身世　家庭（怕乱，清闲）——闲——闹（闹市，闹世）——活庄子

生活（简单，专注）

经历（或智慧，或苟活，……）

在这份简案中，教学目标和教学重难点没做多大的变动，但教学环节的推进实际上三节课上成了三个样子。在东方德才，突出"读"，学生"读"得很自由，也很轻松，有的老师说，自己听课也很兴奋；在三里屯一中，突出"品"，学生"品"得较为深入，当然也很轻松，听课的老师也比较认可，我也好像感觉在状态之中；在工大附中，其实我最没有感觉，说"读"，没突出，说"品"，可能也不是很充分，说是综合了试讲的两节课的优点，其实也可能两头都没有落着好，所以这节课我上着上着，就松塌下去了，不兴奋了。尤其到了后半节，学生似乎是兴奋起来了，我却好像是"飘"在了课堂之外。唉，真是一节让我十分不能原谅自己的课。但这节课在教学目标和教学环节的思考上，却引起了我的一些兴趣。

一般来说，上一节课，学一篇文章，教学目标的确定是关键之中的关

键，如果教学目标定得恰当，准确，可能有利于教学。在认真研读了《闹市闲民》后，我确定了上面简案中的三条教学目标，并以此为依据，确定了本节课的教学重点和难点。两次试讲和一节正式课，我都比较严格地遵循这三条标准。至于具体的教学环节的推进，我却是有原则地顺着学生的思维方向和课堂上学生的生成性成果在推进，也就是说，以学生的学习为本，密切关注学生的学习过程和方法，洞察学生的学习态度和情感态度，然后及时调整教学环节，顺势整合教学内容，与学生共同学习，一起完成教学任务。所以三节课才上成了三个样子。

我认为这很正常，其一，教学目标一经确定，不好随意变动，要严格遵循，这是基于对这节课的基本认识，也是基于对这篇文章的深入研读。其二，根据学生的学习程度和学习状况，应该及时调整教学环节，整合教学内容，这是基于对一个特殊的班级在一个特定的环境下整体学习状态的认识和把握，这也是一种"因材施教"。其三，教师适当的预设和学生即兴的生成应该随时互动，不断变化，这样才是一个真实的学习状态——有人把这种情况称为"二度备课"。这也是一个动态的学习过程。这个过程怎可能事先完全设计好并且把学生套入彀中？那样，教师岂不是作茧自缚吗？对学生也太不公平，更主要的是，不利于调动学生的积极性，也无法让学生自我"投入地"学习。这与课程教学是格格不入的。其四，语文的学习是多么开放，多么充满着变数，语文课应该是非常活跃的。

从某种意义上来说，一个语文课堂是否能最大限度地激活学生的思维，是否能让学生的思想不断地交锋，是否能让学生始终比较兴奋地学习，是否能借助语言文字的品读拓展学生思维的空间，是否能创造一个宽松的积极的学习环境，可能是评价该课堂是否成功的一个十分重要的指标。所以，我认为教师不应该事先把教学环节都设计好，要确定的是教学目标、教学重难点，以及教学环节的一些基本设想，更多的环节设计是要到课堂上去生成。我更愿意语文课堂充满着悬念和变化，因为我觉得语文教学就应该这样。这样才是"活"的课堂。

第三个问题，要不要用课件，怎样用课件。我认为课件是为教学服务的，如果需要用，或者说用了能提高教学效率，用了能更为有效地组织教学，那么是可以而且应该用的。反之则不然。用不用课件不是语文教学十分重要的问题，尽管现在是网络时代，是信息化时代。语文教学还是应该重点把学生引导到读写上面去，引导到品词读句的能力训练上面去，引导到涵咏性情和藻雪心灵上面去，引导到学会生活和学会做人上面去。因此，在反复揣摩本节课的教学时，我决定本节课不用课件。但想到学生可能会对学习和讨论庄子有困难，我为他们准备了庄子的六则寓言故事，设想如果学生在讨论"活庄子"时有障碍，就将这六则寓言故事提供给学生，以图对他们有所帮助。但两次试讲，我发现学生都没有涉及得这么深，这六则寓言故事基本上没用。正式上课时，为了以防万一，我还是准备了这六个故事，巧的是，上课时，学生也基本上没涉及这些内容。这就是我所做的课件，这就是我对课件的基本态度。

然而，谁也想不到，10年后，我竟然还会捡起《闹市闲民》来。我总觉得原来的课上得不爽，不是不成功——无所谓成功不成功，是感觉上得不爽，没有把我的劲儿上出来。因此，在一个机会来临时，我再一次讲授了这节课。受北师大二附中陈立今先生邀请，让我录制几节课，于是在2017年春天，我再一次讲授了这节《闹市闲民》。

教学目标和教学重难点依然没变，但是教学环节的推进，我作了较大的改进，我主要在课堂上讨论了三个问题，分四次解读，这样做，既加强了对课文内容的梳理和研读，更重要的是引发学生来讨论这个"闲民老人"，因为这里不仅关涉到汪曾祺的创作思想和人生态度，也关系到汪曾祺的文化传承，这里面有更宏大的文化主题：

第一个问题：如果用"闹市闲民"来概括老人，文中哪些内容能说明这个特点？

解读之一："闹"字从哪儿看出？

1. 老人的家处于闹市（西四，101路公交站）

2. 老人的一生处于闹世（远的不说。敌伪时期，吃混合面。傅作义。解放军进城，扭秧歌，呛呛七呛七。开国大典，放礼花。没完没了的各种运动。三年困难时期，大家挨饿。"文化大革命"。"四人帮"。"四人帮"垮台。华国锋。华国锋下台……）

解读之二："闲"字从哪儿看出？

1. 单住（他不愿跟家人一起过，说是："乱！）

2. 家具简单（一张小方桌，一个方机凳，三个马扎儿，一张床；门总是开着）

3. 外貌单纯（老人七十八岁了，看起来不像，顶多七十岁；跟人说话时总带着一点笑意，眼神如一个天真的孩子；他的头发也花白了，向后梳得很整齐）

4. 身世简单（原来在一个中学当工友，早就退休了）

5. 生活简单（吃抻条面，拨鱼儿；抱膝闲看；不种花，不养鸟，也很少遛弯儿）

第二个问题：这样一个老人，这样一种生活，是不是一个"活庄子"？

解读之三：是"活庄子"。

1. 与世无争，内心淡定（一天三顿饭。早点是干馒头就咸菜喝白开水。中午晚上吃面。一年三百六十五天，天天如此）

2. 卓有智慧，看透世事（多变的时局都与他无关，没有在他身上留下多少痕迹）

3. 热爱生命，诗意人生（他的拨鱼儿真是一绝。小锅里坐上水，用一根削细了的筷子把稀面顺着碗口"赶"进锅里。他拨的鱼儿不断，一碗拨鱼儿是一根，而且粗细如一。我为看他拨鱼儿，宁可误一趟车）

以上三点都是立足于文章内容和老人特点的梳理和研读，主要在基本理解层面，思维上没有挑战性。第四次解读才是飞跃，才是挑战。在讨论这个老人或许当不起"活庄子"这个称号时，我及时引入了庄子的相关故事，也引入了阅读材料，这样做，是期待学生能学会质疑和独立评判，能从这一篇文章读出去，读到汪曾祺特有的士大夫的内心，读到汪曾祺先生与老庄的一脉相承。

解读之四：不是"活庄子"：

1. 没有庄子的哲学沉思（老人不是思想家，没有对社会作出沉思，如庄子有材与不材的思考《山木》）

2. 没有庄子的批判精神（如庄子有尾生的故事；"尾生与女子期于梁下，女子不来，水至不去，抱梁柱而死。"）

3. 没有庄子的冷眼热肠（如胡文英先生评价庄子：庄子眼极冷，心肠极热。眼冷，故是非不管；心肠热，故悲慨万端。虽知无用，而未能忘情，到底是热肠挂住；虽不能忘情，而终不下手，到底是冷眼看穿）

既然都没有怎能说这个"闲民老人"是一个"活庄子"呢？那么接下来，还有一个问题自然跳出来，就是：

第三个问题：作者汪曾祺为什么要写这样一个人物？

为了讨论这个问题，我引入了汪曾祺在《晚翠文谈》中所说的一些话——

"有人让我用一句话概括出我的思想，我想了想，说：我大概是一个中国式的抒情的人道主义者。"

"我的人道主义不带任何理论色彩，很朴素，就是对人的关心，对人的尊重和欣赏。"

"我想把生活中真实的东西、美好的东西、人的美、人的诗意告诉人们，使人们的心灵得到滋润，增强对生活的信心、信念。"

"我说：我写的是美，是健康的人性。美，人性，是任何时候都需要的。"

引导学生阅读作者的创作谈，目的是引发学生进一步思考：汪曾祺到底想写什么，想表达什么？我要求学生结合汪曾祺笔下的人物和创作谈，谈一谈自己的体会。我的课就上到这儿，就结束了。但我敢肯定，问题一定会被学生带出课堂，带到他们广阔的阅读和思考中去。

一节长达十年的课暂时结束了，但有些问题渐趋明朗，比如对语文教育的认识，我明确地将语文教育定义为"充满诗性智慧的教育"，语文教育是训练学生诗性思维的（我有专文讨论此问题，此处从略）。我的课堂教学特色是，"简洁从容，以少胜多"，具体含义就是：教学目标明晰，教学环节简洁——比如这节课就三个主问题，四次小讨论；教学内容精准，教学过程力求逐步深入而又环环相扣，切口小，启思多，风趣幽默，轻松高效。当然，目前我还没有做得这么好。

一节长达 10 年的课，一直都是由我主导着，怎么好闭着眼睛说瞎话：我们的课堂由学生做主呢？

（何郁　特级教师）

《项脊轩志》教学手记

◎刘文东

一、教学价值的确定

《项脊轩志》是明代散文家归有光的名篇，被选入不同版本的高中语文教材。作为经典教学文本，它的教学价值何在？

文章以悼念母亲、祖母、妻子的旧事为主体，写出念母、敬祖、悼妻之悲。母亲早逝，悲其抚育；祖母教诲，悲其未酬；爱妻故去，悲失同伴。相互的关系不同，悲悼的情感有异，写法有别：先是老妪侧描，次是自己绘先妣，最后写亡妻，则是勾画情态，再用枇杷树加以陪衬烘托，使所写之悲各具情态。

作者先借老妪之口写亡母逸事，堪称妙笔。老妪絮絮道来，先母当年"以指叩门扉曰：'儿寒乎？欲食乎？'"寥寥几笔，形神毕现，惟妙惟肖，如见其人，如闻其声，催人泪下。归有光八岁丧母，在《先妣事略》中曾沉痛的呼喊："世乃有无母之人！天乎，痛哉！"写本文，也难免不触及这种沉痛和悲哀。

写祖母更出色传神，作者青少年时代是在祖母的爱抚和教育下成长起来的，对祖母的感情尤其深厚。忆及幼年读书时，祖母来轩看望自己，那真挚感人的情景，那谆谆的嘱咐，那沉甸甸的期望，更是让自己忍不住要大哭一场。

痛悼亡妻，看似平淡散乱，但经过作者的生花妙笔，显示出另一番神韵。行文围绕一个"轩"字，清晰了然。"时至轩中，从余问古事，或凭几学书"，状写妻子的温文尔雅，跟自己志趣相投；妻子从娘家归来，转述诸小妹语曰："闻姊家有阁子，且何谓阁子也？"状写小妹们的天真好奇。读者就从这些娓娓叙说的细事中，宛然见其夫妻和谐、恩恩爱爱的生活情景。接着又掉转笔头，写"妻死""室坏不修""卧病无聊""不常居"，把作者因丧妻而带来的孤凄心情写得淋漓尽致。篇末，托物抒情，借亭亭如盖的枇杷树，寄托对亡妻深深的怀念之情：树为妻所植，见树思人，更为凄恻。

因此，全篇在悲情的氛围中表达了作者对已逝母亲、祖母和情深意笃的亡妻的无限的怀念之情。同时，还要引导学生看到隐藏在无限怀念之情的背后之情——对自身坎坷命运，特别是仕途不顺、理想难就的伤痛。

因此，《项脊轩志》文本的教学价值应定位在：细节描写的赏析和挖掘其文化内涵上。

二、教学方法的选择

反复诵读，走进归有光。《项脊轩志》语言平实如话，学生借助课文注解就能基本理解文意，教师只要在"再""归""归宁"等个别重难点词语上稍加点拨，学生就会明白词句的含意，因而教师无须把大量时间花在"字字落实"的讲解上，应指导学生反复诵读，引领学生揣摩作者善于抓住富有特征性的细节描写，去感受字里行间的悲喜之情，从而走进归有光，感受作者的人格魅力和精神内涵，陶冶自身的情操。

比较阅读，体现差异。将本篇与学生初中学过的刘禹锡的《陋室铭》进行比较阅读。通过这两篇作品的比较，引导学生体会二者虽然题材相似，但由于作者的性格经历不同，体裁不同，写作目的不同，因而作品的主题与风格有较大差异。从而帮助学生拓宽知识的广度、挖掘文本的深度、延伸联想的跨度，更加有效地激发学生学习语文的兴趣，提高语文的整体素养。

读写一体，事半功倍。文言文教学中也可进行一些读写结合的训练尝试，常用的方法有填补、拟题、仿写、续写、改写等。关键是真正把文本当作训练材料，慎重选取，精心设计。需要注意的是，读写活动的实施是为学习文本服务的，活动只是手段，不是目的；读与写的结合要自然和谐，符合规律；注重过程调控和结果积累；活动要立足文本，切忌抛开原作，另起炉灶。

三、教学环节的展示

（一）引导学生"整体感知"

1. 教师分发隐去了第二段首句（过渡句）的《项脊轩志》课文，要求学生通读全文。

2. 根据作者行文的情绪变化，确定所隐去句子的作用及位置。

师：所隐去句子的主要作用是什么？

生：过渡。

生：承上启下。

师：请同学们尝试用文言文补充这个过渡句。

生：人有悲欢离合，月有阴晴圆缺，由轩中窥家世沧桑，可见一斑。

生：然余就读轩中，忧乐在心，爱恨交加。

生：余静居轩中，如临桃源，然世事纷扰，令痛心不已。

师：出示原文（"然余居于此，多可喜，亦多可悲"。）请大家将课文补充完整。

师：通过补充过渡句，你有什么感悟？

生：过了一把文言写作瘾，感觉有意味，也有意义。

生：感受到了行文中前后情绪的变化，有利于作品的整体把握。

生：体会到了"过渡"的重要性和必要性。

师：这个"过渡"句的位置，可以放在第一段末尾，也可以放在第二段开头。我们的课文是放在第二段开头的，那么，哪一种处理方法更为合理，为什么？

生：放在第一段末尾。

生：放在第二段开头。

生：其实都可以，反正都是起过渡的作用。

师小结：《项脊轩志》记的是"项脊轩"，它是全文谋篇布局的一根明线，而作者对项脊轩生活的怀念，特别是对自己亲人深挚的怀念感情，像一根伏线贯穿全篇。文章第一段主要写作者在轩中读书之乐趣——"多可喜"，第二段转为怀旧，主要写"可悲"之事。因此，"然余居于此，多可喜，亦多可悲"一句，承上启下，以"然"字作转折。但这句话放在第一段末尾欠妥，因为既已用"然"字作转折，那么这句话的重心应在开启下文：写项脊轩和家中的人事变迁，抒发作者心中的切肤之痛——这是文章的重点。

（二）引导学生"情境"诵读

1. 富有诗意地读描写项脊轩周边环境及在轩中"啸歌""兀坐"的文

字。教师提醒和示范诵读短句的韵味和魅力。

2. 意味深长地读对话部分，揣摩人物的情感和心态。个人揣摩品味比较到位的学习小组方可分角色朗读，以免破坏文本的情境和基调。

3. 缅怀伤感地读悼念亡妻的文字。教师引导学生体味"枇杷树"一句，读出"物是人非"的怅然和思念。

诵读的基调是由作品的内容决定的，我们的诵读只是"还它一个本色"罢了，但其中也必然渗透着读者的"再创造"，本环节中的诵读要求"富有诗意""意味深长""缅怀伤感"等，都是从作品内容出发，给诵读一个"情境"，因为"木然"地重复阅读是没有多大价值的。另外，"富有诗意"的部分，我们要尽量背诵。

（三）引导学生"勾画点评"

学生默读全文，勾画出意味深长或遣用精妙的词句、语段，并作点评。

教师示范：

> **勾画**："大母过余曰：'吾儿，久不见若影，何竟日默默在此，大类女郎也？'（比去，以手阖门）自语曰：'吾家读书久不效，儿之成，则可待乎！'顷之，持一象笏至，曰：'此吾祖太常公宣德间执此以朝，他日汝当用之！'"……"令人长号不自禁。"

> **点评**："吾儿……女郎也？"语气多么亲切！又多么诙谐风趣！生动贴切地表现了老祖母对失去母亲的孙儿倍加关怀，又无比疼爱。临去时几句喃喃自语，表达了祖母看到孙儿读书有望后内心的欣喜之情。既而又特地拿来祖上的象笏教诲孙儿，更细致入微地写出了祖母深层的心理活动，表达了一位出身豪门而家道中衰的老妇人对孙儿读书有望、光耀门庭的殷切期望。而作者写此"记"时，曾六次参加乡试未

能中举，"令人长号不自禁"：有辜负祖母期望的悔恨之心，有生不逢时命运多舛的悲怨之情。

学生展示交流：

生1勾画："借书满架，偃仰啸歌，冥然兀坐，万籁有声"。

点评：节奏明快，音韵和谐，以连贯的短句写出了怡然自乐的读书生活，此境界足以使物我两忘，天人合一。

生2勾画："明月半墙，桂影斑驳，风移影动"。

点评：以"半墙"烘托明月，以"斑驳"描绘桂树，以"影动"暗示风吹。遣词用语多么准确，多么生动，多么精妙！

生3勾画："迨诸父异爨，内外多置小门，墙往往而是"。

点评：反映家庭的败落，笔墨中无不浸透着作者无限的"悲"情；形象地写出了家道昔盛今衰、人世沧桑的感慨。

生4勾画："庭中始为篱，已为墙"。

点评：从"篱"到"墙"的变化过程，可以看出作者对诸父兄弟日趋分离的痛心。

生5勾画："轩凡四遭火，得不焚，殆有神护者"。

点评：足见作者对项脊轩的一往情深。然而，轩犹如人，人犹如轩，何以劫难如此之多！可以想象作者心中有多少凄楚悲怆之情。

生6勾画："庭有枇杷树，吾妻死之年所手植也，今已亭亭如盖矣"。

点评之一：睹物思人，往事历历；物是人非，怅然若失。枇杷树亭亭如盖，人却长眠地下，无尽的感伤不禁袭来。

点评之二：强调"妻死之年"亲手所植，而今物是人非，睹物思人，怎不令人扼腕悲歌！却又写得如此内敛含蓄。

　　点评之三：斯人已去，空余枇杷遮冷月；此恨犹在，惟有树影立人间。

教师对学生的点评小结及补充：

　　以上同学都勾画得当，点评精彩，尤其是某同学用"对联"的形式给予创造性的"点评"，他对文句内容的理解、情感的体验、遣词的凝练、音韵的和谐都把握得很好，妙哉，点赞！

　　另外，文中还用了不少叠字，也请勾画出来，"点评"一下。

　　在这篇不过数百字的短文中，叠字运用俯拾即是。诸如用"寂寂"来烘托环境之清静，用"往往"来渲染门墙之杂乱，用"呱呱"来描摹小儿的哭声，用"默默"来状写作者攻读之刻苦；写月下之树随风摇曳之美，用"珊珊"，写枇杷树高高耸立，用"亭亭"。用迭字，摹声更为真切，状物更为细致，写景更为生动，而且诵读起来，音节和谐，更富美感。还值得注意的是，作者往往不是纯客观地状物绘景，而是"随物以宛转"，"与心而徘徊"（《文心雕龙·物色》），既写物貌，又写心情，达到情景交融的境界。如"往往"一词，既强调门墙到处都是，话语中又流露出作者对分家后出现的杂乱现象的不满和厌恶。如"珊珊"一词，既写出树影晃动时轻盈舒缓的样子，同时作者的爱轩之情也跃然纸上。再如，"亭亭"一词，既使人想到树的高高耸立，又使人想到人之亭亭玉立……于恍惚之中，亭亭如盖之树，竟似亭亭如玉之人，又增多少想念。黑格尔说："在艺术里，感性的东西是经过心灵化了，而心灵的东西也借感性化而显现出来了。"文中的不少描写也正说明了这一点。

如此眉批式的点评阅读，其目的就是锻炼我们自主细致地潜下心来读书，让我们在阅读过程中对言语形式之"异"不断有所察觉、发觉，然后进行揣摩、玩味，进而发现、发掘一些东西。如果说，"读""悟"更多的是对言语的感受、感知，是一种感性的心领神会的话，那么"评"则要求将感知结果清晰化、条理化、文字化。连鲁迅、钱钟书、金圣叹这样的名家巨匠也常常采用这种点评式的阅读方法，所以我们在以后漫长的读书活动中要"不忘初心"，坚守这种阅读方法。

（四）引导学生"改写"

这里的"改写"兼有扩写的要求：要在保持原作意境、基调、主题等元素基本不变的前提下，融入自己的理解体验，发挥想象和联想，用与文本不同的体裁重新表达。

教师示范：

原文："三五之夜，明月半墙，桂影斑驳，风移影动，珊珊可爱。"

改写文：每月最可爱的莫过于望夜景致，天如盖，黑幕上明月高悬。月华如练，轻披在半截短墙上，银光在玉盘的映衬下，反射出幽兰之气。月下桂影婆娑，细枝交错，画出黑色的渔网，铺在墙头。墙上影，月中桂，近相和，遥相对。微风过处，暗香浮动，明月照无眠，陶醉人难寐。

学生展示交流：

原文："庭有枇杷树，吾妻死之年所手植也，今已亭亭如盖矣。"

改写文1：时光，如水，在指间流过；如沙，在瞬间洒落；如风，在叶间穿梭。曾经拥有过，抑或只梦过？爱人亲手种植照料的那株枇杷，叶片的呼吸已融进了我的脉搏。思念，又不单是思念，一份感激、一份宽慰、一束阳光渗入心田，这光芒刺痛了我的双眼，我已辨不清树影、人影。亭亭如盖的枇杷树啊，你遮住了雨水，却遮不住我的泪水滴落心间。

改写文2：妻子死之年亲手栽植的小树苗，已经长成枝繁叶茂的大树。在这几年里，树见证着我的日夜思念。树干是越来越粗了，而我却日渐憔悴。元稹的"曾经沧海难为水，除却巫山不是云"，这是轰轰烈烈的爱；"今已亭亭如盖矣"，是我对亡妻点点滴滴的思念，这是一种长久的思念，而点点滴滴都滋润着树，使它亭亭如盖。这种思念是不灭的，即使我死去，只要枇杷树还绿，这种思念就还要持续。

教师对学生的点评后小结：这种融入扩写的"改写"，是深化后的鉴赏，既有感悟吸纳，也有创新表达，能够比较全面地提升同学们的文学鉴赏能力。

（五）引导学生"比较阅读"

项脊轩是作者给自己书斋起的名字。"室仅方丈"，也是一个陋室。请将本文与同学们在初中学过的刘禹锡的《陋室铭》进行比较，说说两篇文章在内容、形式、情志等方面有哪些不同？

提示：从内容看，两篇文章写的都是狭窄、简陋的轩室。但是刘禹锡对于陋室的环境只是间接地写到"苔痕""草色"，并没有直接地加以具体描写。他爱的那个陋室的环境并没有什么变化；归有光则细致地描绘了轩室原来的面貌：窄小、背阴、漏雨……而且重点描绘了经过修葺后这个小小的轩室的清幽、静谧的环境：满架图书，杂植花木，月照半墙，鸟不畏人，树影婆娑。他爱的是经过修葺后的这个闲适的所在。《陋室铭》写调素琴，阅金经，与鸿儒相往来，摆脱筵席应酬，免除公务纷扰，能尽享避世隐居之乐；《项脊轩志》写事写人重点放在轩中人事变迁上，事件更富有日常生活气息，也更能走近人们的生活。

从表达形式看，《陋室铭》是"铭"，是韵文形式，体例短小，音韵和谐，骈散相间，对仗工整，用语自然清丽；而《项脊轩志》是"志"，"志"即"记"，是古代记叙事物、抒发感情的一种文体。作者以平淡自然的笔调记叙日常生活小事，运用追叙、回忆、触景生情、见物思人等方式，从琐屑事件的叙述中表达出真切的感情，从平淡情景的描绘中表现出悠远的意趣。

从抒写的情志看，《陋室铭》通过写高雅之事抒发清高恬淡、孤芳自赏的思想情趣；《项脊轩志》则撷取日常琐事，通过细节描写，表达了对家世衰微的伤感和对已逝亲人的思念，表露出有志未酬的惆怅和抚今思昔的伤感情怀。

（六）引导学生"延伸阅读"

给学生推荐课后延伸阅读篇目有：

苏轼《江城子》、韩愈《祭十二郎文》、袁枚《祭妹文》、林觉民《与妻书》、巴金《怀念萧珊》

四、教学后记

在本课教学中，我始终注重把握浅易文言文教学的价值点，像《项脊轩志》这类语言平实如话的作品，应将文本的诵读与鉴赏放在第一位，立足文本，整合设计，引导学生扎扎实实地阅读鉴赏，强化学生的阅读感受和体验，力求通过科学有效的学习活动，将体验落到实处。

本课令人满意的还有课堂生成的丰实性，学生阅读和写作的激情被点燃，在"点评""改写"等环节，有佳作出现，可谓精彩纷呈。

学习无止境，教研无穷期。教学总是遗憾的艺术，就本课而言，仍有不少遗憾之处，比如，对于本文朴实的文风、细腻的刻画等特色，尚没有设计出新颖的教学环节；对于文中"亡亲"形象的挖掘有些肤浅；另外，在教学中，我对学生的发言交流在及时恰切的点评上，尤其是辨正纠偏方面做得不够充分科学，比如对"然余居于此，多可喜，亦多可悲"在文章结构功能上的认识——具有承上启下的转折作用（因为众多的教学参考书也是这样说的）。在第一环节（引导学生"整体感知"）中，对学生的发言，我如是肯定，在"教师小结中"，我也这样强调。现在通过反复琢磨，觉得这个"肯定"有问题：这句话在文中确实具有承上启下的转折作用，但这种转折，绝不是像我和学生及教学参考书认为的那样，是上部分写"喜"，下部分写"悲"这么简单。怎能以一个写作策略上过于显性的过渡句，来遮蔽隐性的作者思路的内在展开呢？其实第一段是从"喜"字立意，也反衬下文所叙项脊轩环境遭到破坏之可"悲"，引出对往事的无限追怀。因此，当时没能真正把握这篇文章独到的思想艺术价值（在此不展开讨论）。学生没能把握这一价值完全可以理解，那么，作为"传道，授业，解惑"的师长呢，又该怎么"理解"？所以，在今后的教学中要培养学生的质疑精神与批判能力，首先教师自身必须要拥有质疑意识与批判思维，这是我们的义务和责任，并深感任重而道远！

（刘文东　特级教师）

《松鼠》备教手记

◎ 郭志明

语文教学，我一直有一个固守的文本立场：喜欢每一篇课文，发现每一篇课文的可人之处，充分领略作品所创造的语文世界。原因很简单。选入课本的文章都是各类文体的典范之作；编者选编，也总有其深入的思考。而只有老师真正热爱上课文，才能激发学生对课文的热爱，从而让学生通过一篇篇课文的学习，感受语言的魅力，并渐渐建构起语文知能的大厦。

一些语文老师喜欢教文学作品，小说、散文、诗歌之类，对议论文、说明文、应用文等文体，总没那么感兴趣。这种阅读倾向会对学生产生负面效应，造成其语文素养结构不平衡，甚至产生严重的缺失，尤其是思维力培养的缺失。为此，语文教师要认真端正语文教学的态度，对各类文体的教学都要一视同仁。在继续保持自己喜好的同时，要更多地关注自己不太喜欢的文体，细细研读那些文体的文章，发现它们内蕴的美。以此为基础，再带着学生一起走进文本的世界，提高思维水平，努力提高学生的语文综合素养。

多年来，我的语文教学实践试图纠正普遍存在的语文教学偏向，对文学作品以外的课文特别倾情，走过了一条语文教学让学生从感悟学科韵味到养就思维力的实践探索之路。本文试图以《松鼠》的几次执教为例加以说明，每次教学，我都努力推出一种新的构思，在兼顾学科各方面元素的同时，我都注意抓住某一两个重点实施教学，从学科教学走向能力培养，从学科韵味的感悟走向思维力的养就。

一、语文教学，首先是要让学生学

早在 1998 年，我就申报了市级教科研课题"三自一导语文教学研究"。其主要操作路径是：课堂教学，学生自主制定学习目标，自主投入学习活动，自主实现知能迁移，而教师，则在教学流程中扮演"引导者"的角色。第一次教学《松鼠》，我就努力地尝试让学生真正成为学习的主人。

《松鼠》是十八世纪法国博物学家、作家布封的一篇文章，选自《布封文选》，作为一篇介绍松鼠可爱形象和生活习俗的说明文，被收入苏教版语文新教材（七年级第二学期 15 课）。作为人文主义思想的继承者和宣传者，布封在他的作品中惯常用人性化的笔触、生动形象的语言描摹动物，让笔下形象生动活泼，楚楚可爱。《松鼠》就是这类文章的代表。这篇文章让学生学什么？学生经过讨论，确定了这样的学习目标：①朗读作品，体会科学小品的结构特点和语言风格；②整体感知松鼠的形象，了解松鼠的基本特性；③悟读精彩的句子，体悟作品语言的生动性和准确性。目标确定以后，学生就积极投入到学习之中，围绕目标，聚精会神，认真朗读，然后同桌或前后左右交流朗读后的感受，对课文写了些什么，又是怎样写的，尤其是在富个性之处细细品评，从而感受作品之美。

1. 整体感知松鼠形象。对于地处平原区域的学生来说，有的学生从来没见过松鼠，怎么办？他们就先看课本上的松鼠插图，我也适时放了一段松鼠的视频。很自然，学生就在形象上对松鼠有了初步的感知。然后学生们按照课文的顺序，整体感知课文，对其长相、习性、特长等有了比较全面的了解。在此基础上，学生分小组"说松鼠"，大家比试谁说得准确、有条理。这一过程，学生很主动，很积极，小组活动开展得很好。"说松鼠"的过程既是熟悉课文的过程，又是学生锻炼概括能力、表达能力的过程，学生的语言素养得到一定程度的培养。

2. 简洁梳理课文结构。对课文的说明结构，学生也通过自己的朗读来感悟。他们读第一小节："松鼠是一种漂亮的小动物，驯良，乖巧，很讨人喜欢"。我提出了一个问题："漂亮""驯良""乖巧"这三个词的顺序可否调换？或者这三个词，可不可以把顺序倒过来说，说成"松鼠是一种很乖巧的小动物，驯良、漂亮，很讨人喜欢"？同学们展开了热烈的讨论，认为不能掉换顺序或倒过来说，"因为它决定了本文的说明顺序。"我抓住时机，就启发学生去把文章的结构梳理一下。学生再一次快速地浏览课文，然后讨论，形成了基本一致的看法："第一个段落是总说，二到五节是分说，具体地讲漂亮、驯良、乖巧。"文章介绍松鼠从外貌写到习性，介绍习性时从生活到生理，全文的说明顺序是由表及里。在这个过程中，学生对课文所写的内容、作品的结构就理清楚了。

3. 具体悟觉语言风格。学生在确定课堂学习目标时，认为这篇课文语言既生动，又准确。如何去感受文章的这一特点？学生还是自己到课文中找出例句，体会感悟。于是课堂就更加成了"学习的场所"，学习就在课堂上真正发生了。同学们纷纷找出了这样一些句子："玲珑的小面孔，衬上一条帽缨形的美丽的尾巴，显得格外漂亮。""尾巴老是翘起来，一直翘到头上，身子就躲在尾巴底下歇凉。""松鼠过水的时候，用一块树皮当作船，用自己的尾巴当作帆和舵。"这些是介绍松鼠尾巴的；"在晴朗的夏夜，可以听到松鼠在树上跳着叫着，互相追逐。它们好像很怕强烈的阳光，白天躲在窝里歇凉，晚上出来奔跑，玩耍，吃东西。""松鼠的叫声很响亮，比黄鼠狼叫声还要尖些。要是被人家惹恼了，还会发出一种不高兴的恨恨声。"这些句子为什么生动呢？有同学说，这里是把松鼠当人来写，用了拟人手法，所以生动；有同学说："好像"表示猜测，不肯定，"练跑，玩耍，吃东西"句子短，但排比，有节奏感，所以生动……

那么语言的准确性呢？同学们又从文本中找到了一些句子进行感悟。"它们常常直竖着身子坐着，像人们用手一样，用前爪往嘴里送东西吃。"学生说"常常"说明经常，表示这样的频率很高，不是一直这样，很准确；"它们从来不接近人的住宅，也不呆在小树丛里，只喜欢大的树林，住在高大的树上。"这里，作者用"从来不、也不、只"等副词，相互对应，很准确地写出了松鼠的生活习性，强调它喜欢住在高大的树上，这是它活动的范围，活动的区域；"它们是十分警觉的，只要有人稍微在树根上触动一下，它们就从窝里跑出来，躲在树枝底下，或者逃到别的树上去。"作者用"只要、稍微、触动、就、或者"等词语，非常准确地将松鼠的警觉性表达了出来；"松鼠跑跳轻快极了，总是小跳着前进，有时也连蹦带跳"，这是松鼠动作的特性。其他如说窝址选择在树枝分叉的地方，因为那里又干净又暖和；说松鼠搭窝的材料是干苔藓而不是湿的苔藓；说松鼠搭的窝既干净又暖和，既宽广又结实，既舒适又安全，不仅说了搭窝的过程，还说了这样做的好处；说窝口非常有特征，这样造的理由是"雨水可以向四周流去，不落在窝里"；说它们的饮食"虽然有时也捕捉鸟雀，却不是肉食动物，常吃的是杏仁、榛子、榉实和橡栗"。"有时"让我们知道松鼠也吃肉，偶尔也开开荤，不是不吃，但是吃得比较多的是杏仁、榛子、榉实和橡栗，"常吃的"让我们知道它们的主打食物……这些，都表现出作品的语言很讲究，绝不是随意为之。

整堂课，学生根据自己确立的学习目标，有条不紊。虽然看上去无波无澜，却层次清晰，非常突出语言的学习，学生一步一步在课文中游弋，享用着语言文字的滋养，成就着语文素养。所以课堂上就出现了学生结合文本，自主感受语言的生动性，再感受语言的准确性这样热烈的情景，学生对这篇说明性的小品文就有了更真切的感受。当然，课后细细想来，这样的课堂，有些"验证式""代入式"的嫌疑，显得单调、机械。

二、语文学习，形成学生的学习路径

课堂上让学生成为学习主人，自然充分调动了他们的积极性，让他们喜欢语文，学而有获。但学生自主确定学习目标有时也会有偏颇，他们往往根据自己的爱好，一般都从感性的角度思考问题。而真正投入学习活动以后，有时会把握不了课堂学习的节奏，影响学习的效率。所以要真切、深切地悟透语文味，还是需要老师精心引导的。老师"主导"的意义就在于让学生的自主学习方向更明，效果更佳，并形成自己的语文学习路径。这是我第一次执教《松鼠》以后的深切感悟，也是那次听我执教后，听课老师们在议课时所提出的建议。所以再次执教《松鼠》，备课时我就更深入地浸入文本，让自己对课文先参悟透彻。在继续让学生在课堂上自主学习的基础上，我注重学习方法的引导，努力形成学生的学习路径。

1. 激发文本学习热情，注重语文学习系统。语文教学的基本任务是把一篇文章的美充分地展现出来，让学生喜欢上课文，并由这种喜欢延伸到对语文学科的喜欢。实事求是地说，学生对说明类文章是不太感兴趣的。如何让学生喜欢上这篇文章，是我在课堂教学中时时考虑并不断强化的。课堂上我发现，学生朗读完课文，眉宇间都流露出一种喜欢，他们轻声交流："小松鼠真可爱。"我抓住这个瞬间，让大家思考并讨论一个问题："作者笔下的小动物怎么这样讨人怜爱？"很快，大家总结出其形象美、生活习性独特等特点，又总结出作者常常用文艺性笔调，把小松鼠当人来写等等。这样一热身，孩子们因喜欢松鼠而喜欢这篇课文，阅读的热情就贯穿于整个课堂教学流程的始终。

语文学科有自己的系统，课堂教学必须体现这种系统，教学中必须涉及语文知识的方方面面，必须充分兼顾到学生语文能力的整体结构，真正培养好学生的阅读能力。学《松鼠》，既要让学生阅读、朗读，又要分析、表达，有可能还要进行写作训练。教学中，我不失时机地请学生为小松鼠编写一首儿歌，写一个说明文片断，课后还布置学生完成习作《介绍一个动物》，抓住它的一两个特点，写出自己的思想感情。这样，听说读写全面兼顾，学生的语文水平在获得系统培养。这堂课的教学我还有一个设计：课一上来，我展示了一个关于松鼠的谜语，一下子吸引了学生的眼球。而到课堂结束时，则让学生结合课文的学习，自己创作一个松鼠的谜语，引导学生在认真学习课文的基础上更好地理解和掌握松鼠的外貌特征、生活特性等。这一设计新颖有趣，跟课堂开头又做了很好的照应，使整堂课前后呼应，浑然一体，一堂课成为一件精美的艺术品。

2. 细细琢磨重点语段，强化学生语言积累。我提醒学生把课文的第一段"松鼠是一种漂亮的小动物，驯良，乖巧，很讨人喜欢"细细品析好，实际上是教给学生一种阅读的方法，这就是：抓住这一富有特征、提挈全文的重点段来品析，起到一石三鸟的作用。让学生既明晰对象的特征和文章的整体结构，又理解了文章的情感基调，还对小品文的语言风格得到暗示。又抓住语言精妙的第二段：它们面容清秀，眼睛闪闪有光，身体矫健，四肢轻快，非常敏捷，非常机警。玲珑的小面孔，衬上一条帽缨形的美丽的尾巴，显得格外漂亮；尾巴老是翘起来，一直翘到头上，身子就躲在尾巴底下歇凉。它们常常直竖着身子坐着，像人们用手一样，用前爪往嘴里送东西吃。可以说，松鼠最不像四足兽了。我引导学生分别从修辞手法运用的角度，从描写词语使用准确、生动的角度，从虚词使用精到、恰当的角度，从对松鼠的描写传形传神的角度，从表达方式综合运用的角度，进行全方位的品读感悟，进行语言素养的全面训练。引导孩子们运用换词法、比较法、揣摩法等，对这段文字进行系统的感悟，让学生真正体悟到了语言的魅力。

教学中我及时抓住机会，丰满学生的语言文字积淀。

师："玲珑"偏旁是？

生（齐答）：王字旁。

师（摇头）：不对，这不是王字旁。

生（迷惑）：是玉字旁吗？

师：对。有这个偏旁的字都大都跟玉有关，你们能不能写一个玉字旁的字？

生：珏，jué，是两块合在一起的玉。

生：琼，瑶，美玉。

生：瑝，周瑜是瑜，也是美玉。

生：璐，也是美玉。

短短一个片段，涉及语文学科汉字偏旁的知识、语音的知识、文字的知识，而学生偏旁的辨析、组词的能力等也得到了及时的培养。这样紧扣语言文字的教学非常实在，帮助学生进行语言积累。

3. 优化学生学习方法，增强语文学科敏感。方法的教学不是条文式的、显性的，而是不经意间、润物无声式的，是无痕的。在让学生深入研读课文的同时，我还引导学生阅读其他的教学资源，尤其是插图，让学生读懂、理解插图，帮助其对文本的理解，提升阅读非连续文本的能力；我注重让学生阅读时读注释，学生在自主学习中碰到的问题，通过读注释就化解了；我还注意让学生对比着图片读文字。在与学生一起分析松鼠的形象特征时，为了加深孩子们对松鼠形象的认识，也为了深刻体悟课文用词的精妙，我不断在屏幕上展示松鼠形象和活动的画面。这样把图片阅读和文字阅读结合起来，静态的文字和动态的画面相映成趣，不仅打通了学生的阅读视域，也使课堂氛围更加轻松活跃起来；我还适时播放相关视频，教学即将结束，让学生看一个关于松鼠的视频，这个视频很有趣，学生看得很开心，让学生再一次回顾课文，对主人公松鼠有了更全面的了解，也激发了他们课外主动寻找学习资源的兴趣。

我一直保持着这样的清醒认识：语文就是语文，语文教学有自己的承载和指向，培养学生对祖国语言文字的识记、理解和运用水平，永远是语文老师义不容辞的职责。教学中，我处处注意旗帜鲜明的借助文本，让学生感知语文、学习语文、运用语文，课堂洋溢着浓浓的语文味，流淌着甜甜的语文韵。课堂上，学生朗读有不准处，我会及时提醒；理解有不到位时，我会马上纠正，其目的都是为了帮助学生正确的理解和使用语言文字。我会使尽浑身解数，运用各种方式，对学生进行着语言的训练，学生会深切地感到他们是在上语文课，是在学语文。在让学生说说"你认为松鼠讨人喜欢的具体表现在哪里"后，我马上推进一步，要求学生变化人称，以小松鼠的口吻向同学们作一介绍，说出松鼠的一个最讨人喜欢的特征，这是从另一个角度进行语言训练，很自然，又很有成效。

4. 打通课内外阅读通道，促进自学能力形成。教学中老师要注意通过课文教学让学生主动扑向一个更广阔的阅读世界。

师：松鼠的尾巴可以遮阳挡雨，可以做帆，做舵，它还有其他功能吗？

生：它的尾巴又松又软，旁边的那幅小图告诉我们松鼠尾巴可以当被子。

生：跳跃的时候，可以在空中保持平衡。像降落伞一样，保证它着落的时候又轻又稳。

生：它尾巴很大，可以拿来扫地。

师：资料上说松鼠的尾巴有表情达意的功能。比方说，它发现敌情，要通知它的同伴，如发出声音，敌人就会警觉了，于是它就摇一摇尾巴，所以说，它的尾巴就是一棵消息树。

生：老师，我知道松鼠发情时通过摇尾巴向情人示爱。

师：的确如此，科学家最近发现，松鼠把摆动尾巴的变化，当作它们互相交流的"语言"。

这里，我是搭了一条课内外沟通的桥梁。老师、学生展示的正是他们课外阅读的成果。老师的引导，学生的自觉，形成了师生的"默契"，折射的是老师引导下学生语文素养的全面和丰富。学生习惯于自我学习，能主动利用网络等资源学习，能有目的、有方向地学习，这就是他们最宝贵的自学能力，是一种在语文学习上的高度自治和自觉。

三、语文学习，指向学生思维力的培养

长期以来，语文教学有一个比较严重的失误，这就是让学生"感"的机会多，"知"的机会少，也就是注重引导学生走进文本，感悟文本魅力、

语言魅力、情感魅力，忽视对学生思维能力的培养。很多语文老师有个错觉：学生喜欢语文，读起文章来声情并茂，说起话来、写起文章来风生水起，就是语文水平高。而对如何通过语文教学培养学生的思维能力，包括形象思维、逻辑思维等，都有所忽视。我强烈地意识到这一点，我的同仁们也意识到这一点。于是，教学中，我开始十分关注学生思维力的培养，尤其是培养学生的创新、批判性思维，努力让学生通过语文的学习，形成自己的创新意识，为自己创造的人生奠基。

第三次教《松鼠》时，我仔细、深入地研读文本，并与特级教师陈剑峰、李凤等切磋研讨，发现这篇课文有许多培养学生思维能力的"原点"。于是，在继续强化学生语文学习的主体地位、注重其学习路径优化的基础上，我抓住这些点设计学生的学习活动，借助《松鼠》培养学生的思维力，取得了很好的效果。教学中，我们抓住这样几个切口：

1. 用松鼠口吻介绍松鼠。我让各学习小组推荐一位代表用松鼠的口吻自我介绍，孩子们充分自在的说，教师一点都没有去赶进度限制孩子发言。把孩子们的发言综合起来看，不难发现孩子介绍松鼠时，角度在发生变化，语言在发生变化，方法在发生变化。透过发言的表象，不难发现，课堂上每一个学生的大脑都在急速地运转：他们要概括，他们要比较，他们要捡拾前面发言同学遗漏的方面，他们要寻找新的角度。就在这个过程中，学生思维的全面性、新颖性、独特性、深刻性都在自我养成中，学习就因此而变得生动而富有实效。听课老师告诉我，这一设计最大的亮点就在于课堂上，学生的思维量大，思维培养的面广，思维品质的养成精到。

2. 进行创造性文本补充。课堂上有这样一个设计：请在文章 2、3、4、5 段的末尾各创造一个句子，要求：（1）要分别用上"漂亮""驯良""乖巧"三个词语；（2）要和前文自然衔接；（3）要对全段进行概括性说明。

这种训练，不仅让学生学会概括各段大意，学会运用总结句来概括，培养学生的阅读归纳、概括能力和语言表达能力。学生写出了这样一些段落的中心句：松鼠的漂亮让人过目难忘，它是小动物中的小美女或者小帅哥（2段）；松鼠是最懂得和人保持距离的小动物，他的驯良就是它的善解人意（3段）；每个见识了松鼠的"行走"，聆听了松鼠的叫声的人都会被它的乖巧吸引，内心产生怜爱之情（4段）；小松鼠居然还是高明的建筑师，它的乖巧中有大智慧呢（5段）。这一训练，文章各段就更有整体感，整篇文章也就显得前后应和，眉清目秀，更加完美了。这一设计把学生的思维充分打开，他们的归纳、概括、表达的能力等得到全面培养。

3. 安排"课文优化"思维训练。本堂课我推出了"如何使《松鼠》这篇文章更优美"的讨论题，学生提出了三个问题：（1）"它们虽然有时也捕捉鸟雀，却不是肉食动物，常吃的是杏仁、榛子、榉实和橡栗"放在第二节后面还是第三节后面好？（2）从段与段之间衔接的关系看，从内容的主要与次要关系来分析，第4段和第5段是可以互换位置的吗？（3）"松鼠也是一种有用的小动物，它们的肉可以吃，尾毛可以制成画笔，皮可以制成皮衣。"有的版本的课文里没有这一句，你觉得该不该有？这些问题让我们看到学生在深度思维，在批判性思维。我们看学生对问题二的思考：

生：应该换。第三小节说明松鼠的活动范围、喜欢的食物：榛子、松子等。第五小节说明松鼠搭窝的过程。这些都是与树林、森林相关内容的段落，应该合在一起介绍。

生：数学上有"合并同类项"的说法。我们阅读、写作中也应该把联系紧密的内容要放在一起介绍，便于读者理解。

生：4段和5段交换位置后，5段和3段的关联更紧密一些。从重要性的角度看，吃和住的内容应该放在主要的地方，而其他的可以往后挪。

我们看，学生多会思考，讲得多有道理！他们不迷信于文本，不迷信于名家，有自己的思考和判断，会对自己的思考和判断作出合理的解释。不难想象，通过长期的、持之不懈的训练，以后阅读作品，他们就不会再停留在作品的表层，而会很自觉地带着怀疑的眼光，形成批判的自觉。这是学生思维中最宝贵的品质。

4. 材料比较感悟本文特点。 为了让学生对科学小品这种文体的行文风格、语言特点有更真切的感受，我从《辞海》中摘录了"松鼠"的条目展示给学生：松鼠亦称"灰鼠"。哺乳纲，松鼠科。体长 20~28 厘米；尾蓬松，长 16~24 厘米。体毛灰色、暗褐色或赤褐色，腹面白色。冬季耳有毛簇。林栖；用树叶、草苔筑窝，或利用鸦、雀的废巢。嗜食松子、胡桃等果实。年产 1~4 窝，每产 5~10 仔。分布于我国东北至西北，以及欧洲各地。毛皮可制衣，尾毛可制笔。我让学生在课文中找与辞海的介绍相对应的文字，然后比较辞书的表述与课文的表述有什么相异处。这样一比较，学生很快就明白了什么是生动说明，什么是平实说明，对其各自所用的手法和不同的表达效果有了清晰的理解。北师大版的小学第六册语文教材也有《松鼠》一课，比较简洁。我把它印发给学生，让他们课后与我们的教材进行比较，感悟本文的独特。

学生思维力的培养，是所有学科教学都必须抓住的重点。而长期以来，语文学科的教学对这一点比较偏废。教学中，我想方设法，在让学生成为学习主体的前提下，注重让学生去思考、讨论、梳理、辨析，全面培养学生的语文思维。整个课堂流程，或抛出问题让学生去研讨，或索性让学生自己去发现问题。这样，语文教学就由学科的感悟走向思维力的培养，所有的学生都被调动了起来，深度学习就在课堂上真正发生，学生获得的就真正是终身受益的东西。《松鼠》的几次教学探索只是个例子，我想告诉大家的是：每一次备课，我都大胆突破，越来越走近学生，不断从学的角度设计教学，不断从一般意义上的语文教学走向学生语文核心素养特别是学生思维力培养的教学，让语文课文内蕴丰满，语文学科充满意趣，语文课堂富有生机，语文老师亲切高大，语文学习富有诗意。

（郭志明　特级教师）

幽愁暗恨琵琶声

——《琵琶行（并序）》备教手记

◎王世发

日本学者佐藤学有一本专著《静悄悄的革命》，里面有一个重要的观点："课堂改变，学校就会改变。"我很赞同这个见解。课堂教学的重要性不言而喻。但是，我认为，还有比课堂教学更为重要的环节，那就是"备课"。备课决定着教学。有什么样的备课，才会有什么样的教学。精彩的教学来自于精细的备课。同样的道理，糟糕的教学一定源于糟糕的备课。长期的实践、研究让我感受最深的是，备课要做到"三个付出"，一是为长远付出，备课要立足于长远，积累资料，深入研究，为未来好的教学作铺垫；二是为难点付出，备一课要攻破一个难点；三是为细节付出，备课的每一个环节都是细节，要周密思考和设计。

我教《琵琶行（并序）》一课，就备课环节来说，我做了一些细致的基础性工作。

首先是示范性背诵课文。《琵琶行》是白居易诗歌的代表作品之一，是语文教学的经典篇目，尽管课后没有提出背诵要求，但我觉得这首诗叙事、抒情融为一体，被誉为音乐描写的千古绝唱，读来脍炙人口，令人心醉，因此我要求学生背诵全诗。我的教学有一个特点，凡要求学生背诵的课文，我得先面对全班学生示范背诵。每课如此。《琵琶行》这一课，我不仅背诵全诗，诗前的序言我也能背诵给学生听。

接下来，第二项基础工作是，研究作者。我研读了研究白居易的两部专著，一部是《白居易评传》（北京大学中文系教授、博士生导师褚斌杰著，人民文学出版社1980年9月出版），一部是《白居易诗歌赏析集》（褚斌杰主编，巴蜀书社1990年4月出版）。我从《白居易评传》一书中，了解了白居易的家世、家庭、诗人的一生、政治思想、文学主张、艺术风格及作品产生的影响。白居易五六岁开始学诗，9岁谙识声韵，15岁苦读书能属文。29岁时中进士，以第4名及第，17人中年最少。32岁在吏部试书判拔萃科登第，入甲等，授秘书省校书郎。35岁应"才识兼茂明于体用科"，以对策语直入第四等（即乙等），授周至县尉。当年12月，游仙游寺，作《长恨歌》。36岁招入翰林院，奉敕试制诏等五首，为翰林学士。39岁，自请改官京兆府户曹参军，仍充翰林学士。元和十年（公元815年），白居易44岁。这年6月，平卢节度使李师道密派中岳寺僧人刺杀了宰相武元衡。白居易认为是"国耻"，上疏请捕贼。宰相（张弘靖、韦贯之）怒其越职奏事。忌之者复诬居易母看花坠井死，却作《赏花》《新井》诗，有伤名教，贬江州刺史。中书舍人王涯复论不当治郡，改贬江州司马。45岁，秋，送客湓浦口，作《琵琶行》。52岁，任杭州刺史。54岁，任苏州刺史。57岁，从洛阳返长安，任刑部侍郎。65岁，自编《白氏文集》65卷，共收诗文3255篇，藏于东都圣善寺。会昌六年（公元846年）白居易75岁，居洛阳。8月，卒于洛阳履道里第。11月，葬龙门香山如满法师塔之侧。

白居易的一生，《新唐书》中这样评价："居易始以直道奋天子前，争安危，冀以立功；虽中道被斥，晚亦不衰。当宗闵时，权势震赫，终不附离为进取计，完洁自高……呜呼！居易其贤哉！"据《唐摭言》记载，白居易去世后，唐宣宗吊居易诗云："缀玉联珠六十年，谁教冥路作诗仙？浮云不系名居易，造化无为字乐天。童子解吟《长恨曲》，胡儿能唱《琵琶篇》。文章已满行人耳，一度思卿一怆然。"

从《白居易诗歌赏析集》中，我读到了白居易比较系统的不同类型的诗歌，尤其是有些不常见的诗，如《感情》《寒闺夜》《寄湘灵》《冬至夜怀湘灵》《感镜》《潜别离》等，广泛阅读白居易诗歌对于我们深入阅读和理解《琵琶行》诗有一定助益。

我做的第三项基础工作是积累教学资料。

《琵琶行（并序）》一课阅读的主要资料：

（1）吴功正：谈《琵琶行》，《辽宁师范大学学报（社会科学版）》1980年第3期。

（2）刁九国：谈《琵琶行》的琵琶曲，《师范教育》1985年第1期。

（3）褚斌杰：《白居易评传》，人民文学出版社，1980年版。

（4）褚斌杰：《白居易诗歌鉴赏集》，巴蜀书社出版社，1990年版。

（5）周德仓：琵琶声声是雕刀——《琵琶行》音乐描写的再认识，《中学语文教学参考》1990年第4~5合期。

（6）刘荣荪：《琵琶行》注释补志，《中学语文教学参考》1991年第5期。

（7）刘荣荪：《琵琶行》注释辨正，《中学语文教学参考》1991年第6期。

（8）黄汝授：《琵琶行》的"形象类比"特色，《中学语文》1990年第6期。

（9）谭轶斌：名师授课录·《琵琶行》，《语文学习》2003年第7~8合期。

（10）几篇诗文中的音乐描写——《琵琶行》《明湖居听书》及《刘征文集》第一卷，人民教育出版社，2002年版。

（11）韩大强，刘声勇：对《琵琶行》结构的另一种解读，《语文教学与研究》2002 年第 5 期。

（12）郑逸龙，吴银：关于《琵琶行》，华《语文学习》2003 年第 9 期。

（13）王承栋：《琵琶行》参与式教学设想，《语文教学与研究》2009 年第 6 期。

（14）宋桂奇：《琵琶行》注商三则，《语文学习》2007 年第 9 期。

（15）莫丽莎：《琵琶行》中"回"字的确切含义，《中学语文》2009 年第 5 期。

（16）异曲同工，尽得其妙——《明湖居听书》与《琵琶行》音乐描写艺术比较，《中学语文教学参考》1999 年第 3 期。

（17）孙绍振：穿越图画和音乐之美——《琵琶行》的艺术奥秘，《中学语文》2008 年第 12 期。

（18）蔡明：《琵琶行（并序）》备考策略，《语文教学通讯》2007 年第 7~8 合期。

（19）杨长荣：《琵琶行》中的臣妾心理分析，《语文教学与研究》2008 年第 1 期。

（20）张宇：在"延宕"中品读《琵琶行》的艺术之美，《语文教学之友》2011 年第 5 期。

（21）华禄：似诉平生不得志——《琵琶行》中"乐""志"呼应的特点，《读写月报》2012 年第 10 期。

（22）肖炳生：诗序对读看《琵琶行》的叙事艺术，《中学语文教学参考》2016 年第 12 期。

（23）刘丽娟：千古"绝唱"——赏析《琵琶行》描写音乐的技巧，《语文教学之友》2017 年第 3 期。

（24）包建新，朱昌元：融情入诗，含英咀华——《琵琶行》课堂教学实录，《名师课堂教学实录》，浙江教育出版社，2003年3月版。

（25）寇安炳：《琵琶行（并序）》寓意发微，《语文学习》2009年第2期。

（26）徐爽：白居易《琵琶行》的叙事性解读，《中学语文教学》2016年第9期。

（27）何群：白居易《琵琶行》创作缘起初探，《中学语文教学》2014年第2期。

（28）王广杰：涵情味道品"裂帛"——《琵琶行》教学设计，《中学语文教学》2014年第1期。

（29）赵月华：《琵琶行》需要深入理解的是什么，《中学语文教学》2011年第3期。

（30）于晓丽：《琵琶行》最让学生欣赏的美是什么，《中学语文教学》2011年第3期。

（31）陈海印：《琵琶行》里拓展探究到了什么，《中学语文教学》2011年第3期。

（32）董旭午：同是天涯沦落人——《琵琶行》课堂教学节录，《语文教学通讯》2014年第4期。

（33）王广杰、何杰：《琵琶行》课例赏鉴，《语文教学通讯》2014年第7~8合期。

（34）王毅军、贾玲：《琵琶行》课例赏鉴，《语文教学通讯》2011年第7~8合期。

（35）《琵琶行》教学艺术镜头，《语文学习》2007年第9期。

（36）宁冠群：文学作品中的音乐描写艺术研究与鉴赏，《中学语文教学参考》2003 年第 3 期。

（37）单晓蕾：《琵琶行》中音乐描写的兴发感动作用，《语文教学之友》2015 年第 6 期。

（38）张承龙：白居易《琵琶行》中的音乐学分析，《教学与管理》2007 年第 8 期。

（39）王长路："寻声暗问弹者谁，琵琶声停欲语迟"新释及启示，《语文教学之友》2010 年第 8 期。

（40）唐远廷：也说"寻声暗问弹者谁，琵琶声停欲语迟"之意，《语文教学之友》2011 年第 3 期。

第四项基础工作是，探究《琵琶行》主题。我认为，理解《琵琶行（并序）》的主题是教学这一课的难点所在。关于《琵琶行》的主题，说法纷纭，各执一词，教学参考书上也没有明确的表述。教师教学用书中谈及诗中的人物形象时有这样一段文字："在这首诗中，生动地刻画了两个'天涯沦落人'的形象，一个是历尽繁华、美人迟暮的琵琶女，一个是被贬江城、孤独苦闷的闲职司马。琵琶女矜节自持，羞涩腼腆，多愁善感，才艺惊人；'江州司马'感情丰富，体察入微，善解人意，文采飞扬。两个人同是从长安沦落天涯，一曲一词，合演了一曲千古绝唱。"试问，诗中刻画了两个形象，但全诗所要表达的主题究竟是什么呢？笔者查阅了一些资料，关于《琵琶行》一诗主题，有多种说法，主要有如下五种观点：

同情说。同情琵琶女，揭露当时社会的黑暗。历来的教材就是这样定位。诗歌通过写琵琶女遭遇的不幸，结合诗人自己在宦途受到的打击，唱出了"同是天涯沦落人，相逢何必曾相识"的心声，诗歌表达对不幸者命运的同情。《语文学习》2003 年第 7、8 合期上有一篇《琵琶行》教案，关于主题的表达有这样一段文字："从琵琶行中我们读到了一个迁谪失意的朝廷官员和一个流寓江湖的歌伎之间的相似之处，感受到了一个压抑的正直的知识分子对处于社会最底层歌伎的理解和同情。"《唐诗鉴赏辞典》也表达出相近的说法："女主人公的形象塑造得异常生动真实，并具有高度的典型性。通过这个形象，深刻地反映了封建社会中被侮辱、被损害的乐伎们、艺人们的悲惨命运。面对这个形象，怎能不一洒同情之泪！"

恋情说。诗人在序言中说："予出官二年，恬然自安，感斯人言，是夕始觉有迁谪意。"从序中看出，诗人似乎安于被贬谪的现状，安然自得，只是偶遇琵琶女，有感于琵琶女的不幸身世，才触发了诗人的迁谪之意。而诗中的琵琶女也只不过是一个影子，他由琵琶女想到的是他的初恋情人湘灵，一想起自己的初恋情人，抑制不住内心的痛苦，愁肠寸断，于是他把这种感情投射到琵琶女身上，全诗表面上写对琵琶女的同情，实质上是表达他对初恋情人湘灵的怀念之情。湘灵是白居易的邻居之女，是白居易22岁左右时定情的恋人，白居易对她很痴情，前后30多年不曾忘怀她。有多首诗可以证明。如《独眠吟》是白居易为湘灵写的："夜长无眠起阶前，寥落星河欲曙天。十五年来明月夜，何曾一夜不独眠。"此诗约作于元和二年（807），诗人约36岁。诗人因思念湘灵而不眠，到阶前仰望寥落的星河，希望通过天上的星星传递自己对湘灵的思念之情。15年来，明月虽好，而诗人不能与湘灵相依相伴，只能忍受孤眠寂寞之苦。白居易被贬江州，对湘灵思念更深。元和十年（815）秋，白居易写《感情》一诗："中庭晒服玩，忽见故乡履。昔赠我者谁？东邻婵娟子。……自吾谪江郡，漂荡三千里。为感长情人，提携同到此。今朝一惆怅，反覆看未已。人只履犹双，何曾得相似。"诗人在庭中晒衣物时，看见鞋子便想到湘灵，白居易把湘灵赠给他的鞋子带到流放之地，可见他对湘灵的怀念之深。当年湘灵赠鞋，是希望两人"双行复双止"，永不分离，但如今鞋成双而人成单，夙愿早已化为泡影，岂不痛哉！

悲愤说。 借琵琶女的不幸遭遇，抒发诗人的悲愤和不满之情。"在《琵琶行》中，作者通过塑造两个在才能、遭遇、感情等方面有相同属性的艺术形象，并将这两个艺术形象进行类比来抒发自己怀才不遇、沦落天涯的悲愤感情。"（黄汝授《〈琵琶行〉的"形象类比"特色》，载《中学语文》1990 年第 6 期）著名语文教育家刘征先生在他的《几篇诗文中的音乐描写——〈琵琶行〉〈明湖居听书〉及其他》一文中说："《琵琶行》写音乐，意不在写音乐而在写人，在慨叹琵琶女身世的凄凉和抒发自己的不满。"（《刘征文集》第一卷，人民教育出版社 2000 年版）

苦闷说。 白居易被贬江州，这是他政治上遭受打击最为沉重的一次。被贬江州第二年，白居易写下这首诗。诗中借琵琶女的遭遇表达自己政治上的压抑和精神上的孤独与苦闷。诗中多处表现出诗人的压抑、孤独、凄凉与苦闷。如"弦弦掩抑声声思，似诉平生不得志""别有幽愁暗恨生，此时无声胜有声""浔阳地僻无音乐，终岁不闻丝竹声。住近湓江地低湿，黄芦苦竹绕宅生。其间旦暮闻何物？杜鹃啼血猿哀鸣"等。

哀怨说。 湖北杨长荣老师持此说。杨老师在他的《〈琵琶行〉中的臣妾心理分析》一文中分析道："琵琶女在文中只是起到一个隐喻的作用。""作者本文的意图并不在揭示歌伎的悲惨命运，也不在揭露社会对人才的摧残，而是借琵琶女之口发自己被贬后的哀怨，哀的是一心忠于朝廷却不被朝廷知晓反而遭贬，怨的是自己身为忠臣的'妾妇心理'不被理解至今沦落九江，有志难伸。也许正因为如此，古人才把这一首诗归入感伤诗之中。""本文的主题应是作者借琵琶女的遭遇，表达自己对朝廷不辨忠佞的哀怨，抒发个人沦落天涯的无奈。"

上述说法，均有其理由。笔者比较赞同最后一种说法。这种说法符合白居易当时写作这首诗的心境。白居易元和十年离开长安时他是满怀凄楚地离开长安的。离开长安前，他的官职是左赞善大夫，这是一个不得过问政治专门陪伴太子读书的闲官。被贬江州，他的心情是悲凉的。白居易在赴江州的途中作诗云："三声猿后垂乡泪，一叶舟中载病身。莫凭水窗南北望，月明月望总愁人。"（《舟夜赠内》）由此看来，诗人心潮难平，满腹愁情！白居易在江州的三年生活是非常郁闷的。元和十三年（818）12月，诏下，白居易转官忠州刺史（今四川忠县）。诗人为离开江州的环境感到高兴。"忠州好恶何须问，鸟得辞笼不择林。"（白居易《除忠州寄谢崔相公》）这是他离开江州的心迹表露。《琵琶行》是白居易在江州的第二年写下的，诗人借着对琵琶女的描写，表现出的是自己此时无限忧郁的身世之感和哀怨、无奈的天涯沦落之情！

我做的第五项基础工作，拓展比较。《琵琶行》最突出的特色是音乐描写。描写音乐的诗文很多，与《琵琶行》比较有异曲同工之妙。因此，教《琵琶行》一课时，可以做一些适当的拓展比较训练。备课时，可设计这样一些内容：（1）将《琵琶行》与《孔雀东南飞》或《木兰诗》比较，都是叙事诗，民歌作品与文人诗歌有哪些不同之处？（2）将《琵琶行》与《春江花月夜》比较，都有比较丰富的意象，两首诗歌在意象的选择上有什么不同？（3）将《琵琶行》与李贺诗《李凭箜篌引》、韩愈诗《听颖师弹琴》比较，都描写了音乐，三首诗在描写音乐上各有什么特点？（4）将《琵琶行》与《明湖居听书》比较，一为诗歌，一为小说，它们在音乐描写上有哪些相同或不同？（5）白居易的琵琶诗有好几首，如《听李士良琵琶》《听琵琶》《春听琵琶，兼简长孙司户》，同是琵琶诗，各首诗描写琵琶音乐有什么特点？

下面是我执教《琵琶行（并序）》的整体教学思路：

（一）导入课文

以白居易祠中一副对联导入。"一弹流水一弹月，半入江风半入云。"

（二）整体感知

1. 教师示范背诵课文。

2. 明确全诗感情基调。

3. 理解序与诗的关系。序交代了写作缘由、背景，是诗的内容提要，可以说是诗的缩写，它为全诗定下了凄切伤怀的感情基调。

4. 给诗的各节拟一个小标题。

（三）探讨研究

重点探究三个问题：第一，诗中的音乐描写；第二，琵琶女与诗人的身世；第三，本诗的主题。

音乐描写：

（1）将诗中的三次音乐描写找出来并作比较，完成下表。

三次音乐描写比较

描写次序与角度	琵琶女	描写方法	详略处理
第一次	没有出场	先闻其声（侧面描写）	略写
第二次	应诗人邀约而演奏	弹奏琵琶（正面描写）	详写
第三次	被诗人的感慨所感动再次弹奏	听众反应（侧面描写）	略写

（2）琵琶女演奏的弦律有怎样的变化？琵琶女的演奏表现出三个乐段：清脆圆润、宛转低沉、激越雄壮。

（3）诗人是怎样描写音乐的？（学生讨论，交流）

一是运用比喻。比喻分为两类：一是以声喻声。如"大珠小珠落玉盘"（珠落玉盘，清脆悦耳）"银瓶乍破水浆迸"（银瓶爆破，激越雄壮）。二是以形摹声。通过一连串精巧的比喻把无形的音乐写得如见其形，如闻其声，把听觉和视觉都调动起来了。如"如急雨"（既能看见，又能听见，既有形，也有声）、"大珠小珠落玉盘"（既有声，又能见其形）。

二是侧面烘托。文中有三处。"忽闻水上琵琶声，主人忘归客不发"（以"忘归"和"客不发"烘托琵琶声的迷人）"东船西舫悄无言，唯见江心秋月白"（以秋月之静烘托听众的全神贯注，船上的人们都沉浸在余音绕梁的境界之中）"座中泣下谁最多？江州司马青衫湿。"（以诗人泪湿衣衫，烘托琵琶女音乐的哀怨感人）

课中穿插：欣赏导入时的对联。上联写的是琵琶女的琴声；下联写优美的旋律。上联写琵琶女弹出的琴声，如流水悠悠，似明月皎皎；下联写优美的旋律，随江风远播，入云天飘渺。上联两个"一弹"，刻画曲调优美多变；下联两个"半入"则淋漓尽致地表达了琴声的效果。

人物身世：

讨论：白居易和琵琶女的身世有哪些相同？

1. 都来自京都。琵琶女是京都的倡女，"自言本是京城女，家在虾蟆陵下住"；作者是京官，"我从去年辞帝京，谪居卧病浔阳城"。

2. 才能超众。一个是誉满京都的名艺人，具有超群的"艺"才；一个是名闻天下的大诗人，具有超群的"文"才。

3. 落泊失意。一个因年长色衰而嫁商人，一个因直言相谏被贬江州。

4. 都过着冷落凄清的寂寞生活。一个是"江口守空船",一个是"谪居卧病浔阳城"。

本诗主题:

学生讨论,各抒己见。

(四) 自主欣赏

欣赏古典诗歌主要是欣赏语言。学了这首诗,你最喜欢这首诗中的哪些诗句?你为什么喜欢?请你任选其中一句诗自选角度写几句欣赏性的文字。要求:写30~50字。

(五) 联语写作

要求同学们把对这首诗的理解与感悟用对联的形式表达出来。注意从诗的内容、手法、人物的命运和遭遇以及主题等方面去琢磨。老师写了两副对联和同学们交流,同学们课后去写作,然后在班上交流。

浔阳江上琵琶语,海角天涯沦落人。

枫叶荻花,半笼烟云半笼月;离愁谪恨,一诉琵琶一诉诗。

请同学们把老师撰写的两副对联齐读一遍。下课。

下面是学生课后撰写的部分对联:曲琵琶语,几多迁谪情。(孙冰倩)凄凄琴声昭日月,冷冷江水寒人心。(顾丹梅)一曲琵琶肝肠断,两行涕泪青衫湿。(周莉)江水幽幽琵琶语,岸风瑟瑟诗人情。(王翔翔)大弦嘈嘈,诉说天下悲愤事;小弦切切,倾吐四海哀伤情。(胡冬玉)帝京一别,万种忧怨心头起;江州巧遇,一曲琵琶千古留。(葛伟杰)浔阳江头,倡女拨弦泣身世;冷月岸边,骚人吟诗诉谪情。(王锦龙)浔阳送友偶得一世知己,长安驱贤自毁万古江山。(葛伟杰)

课后,江苏省南通市语文教学专家丁建校长和华荣老师进行了评课。

丁建校长这样评价：

王老师这堂课突破传统模式，对提高学生诗歌鉴赏能力起到了很好的引领作用。一是基于教师丰厚的人文素养的引领是学生有效学习的基础。从整体的课堂设计看，王老师以"整体感知——探讨研究——自主欣赏——联语写作"四个板块，将诗歌学习的"读、思、品、写"紧密结合起来，独特的设计视点和角度，显示出王老师对提高学生诗歌鉴赏能力的匠心独运。二是强调对话交融的引领是学生有效学习的关键。课堂上，王老师既是引导者、启迪者，是组织者、聆听者，更是学生学习的参与者。三是鼓励自我展示和创新的引领是学生有效学习的目标。在自主欣赏时，学生"任选一句诗自选角度写几句欣赏性文字"，是对学生的鼓励，鼓励学生说出自己的认识感受，让学生体味到学习诗歌的精神愉悦。联语写作，引领学生"从诗的内容、手法、人物命运和遭遇以及主题等方面去琢磨"，这不仅是对诗歌学习的加深，更是鼓励学生去创新。学生的联语"一曲琵琶语，几多迁谪情""一曲琵琶肝肠断，两行涕泪青衫湿"……这已经超越了对文本的概括了，其间不正融入了学生对这首诗的感悟和智慧么？

南通市一中华荣老师评课时说：

在《琵琶行》的教学中，王老师是在小心、努力地寻找着一个平衡点，他既要在诗情中浸润滋养身心，也要在剖析中给学生打造一把鉴赏的钥匙。这节课游弋在感性和理性之间，给语文教学带来多方面的启迪。

语文教学是一个求索的过程。在这个过程中，备课深入探究，追根穷源，精细设计，乐此不疲，教学开合自如，游刃有余，师生互动，左右逢源，这便是我在教学上的不懈追求。

（王世发　湖北省荆州市教育科学研究院）

《荷花淀》教学手记

◎蒋文学

　　2012 年 7 月，我有幸参加全国首届"教育艺术杯"语文课堂教学观摩大赛，执教了孙犁的小说《荷花淀》并首次获得国家级奖项。大家对这篇小说并不陌生，但我与其渊源颇深，说来话长。溯及 2009 年 10 月雨秋，我参加在沾化一中举行的市教学能手评选，曾执教该课，被评为市教学能手。

　　一直钦羡语文名师能在全国中文核心期刊上发表优秀的教学设计，我便长期广订期刊，静坐蜗室，潜心揣摩和反复赏析，孜孜以求，探究规律。无论溽暑隆冬，还是夜阑晨曦，我秉持不到长城非好汉的信念，对《荷花淀》教学设计打磨了两年多，记不清执教了多少遍，"手术"了多少次。2011 年 12 月，终于在《语文建设》发表了一篇具有继承性和创新性的教学设计，得到了编辑老师满腔热情的鼓励。记忆犹新，编者按语："《荷花淀》是高中语文教学的传统篇目。小说运用诗化的语言描写战争中的女人，朴素清新、细腻逼真、富有诗情画意，以水生嫂为代表的女性形象给读者留下了深刻印象……蒋文学老师在把握情节的基础上，鉴赏小说的语言，也把教学重点放在分析人物形象上，探究人物的人性美和精神美……"

常言道，此一时彼一时也。随着坚持不懈的理论学习和实践反思，个人对语文教学的本质规律有了更深刻的理解和更准确的把握，对同课异构、一文多教有了更新远的追求。教学理念、文体（或文本）特征、内容主题不同，教学设计的目标、活动、评价等也应不同。千招万式，教无定法，皆需因时因地因文因境因人而制宜，具体问题具体分析，进阶出新。小说《荷花淀》的艺术审美特质是写意，表现为环境描写意境化、人物形象扁平化、场面处理浪漫化等方面。如果突出审美特质来教学，该怎样设计？它是诗体小说，但"诗"在哪里？教学小说如何表现诗意？

程少堂老师说"语言是基点和中心点，文章是重点，文学是美点，文化是亮点"。但形象而言，我窃以为"一语三文"之间是"眼珠子"和"眼睫毛""眼眶子""眼眉毛"的主次关系。语文新课标规定以学习语言文字的运用为中心，而聚焦于"语用"，这不仅要在教学理念上牢固确立，而且要在教学实践中具体落实，深思慎行和迁移创新。咬定"语用"不放松，任尔东西南北风。以语言为中心，鉴赏语言美，批文入情，含英咀华。犹如砸一偌大煤块，大锤子抢下去，哗啦一声响，溅一身煤灰、煤屑，哑然无奈。如果抓住语言导学，文本就会化繁为简，化难为易，使问题迎刃而解。这就像找准和抓住了大煤块的缝隙，小锤叮当，节奏铿锵，把一大块煤轻而易举地敲碎了，使之燃起熊熊火焰。因此，课堂教学要有抓手，抓住文本特征等来精心设计教学，开辟一个新颖快捷的角度，探觅一个引人入胜的切点，教学才会有的放矢，不瘟不火，恰如其分，游刃有余。

小说与诗的结合有两种方式：①借诗的语言形式（叙事诗）来写小说，为诗体小说。它是具有小说特点的一种叙事诗，与一般叙事诗相比，它不仅篇幅长，更主要的是它像小说那样，要比较细致地描绘人物性格，有完整的情节结构。但它是用诗的语言描写的，能抒发更强烈的感情，而描写又往往不如小说细致具体。如拜伦的《唐璜》、普希金的《叶甫盖尼·奥涅金》。②使诗的意蕴内化到小说中去，为诗化小说，如孙犁的《荷花淀》，即此类小说代表。诗化小说作为小说的一种样式，也具有人物、环境、情节三要素，但和一般小说相比这三要素又有独特之处。如《荷花淀》虚化人物，淡化情节，环境描写意境化，诗化语言，是"荷花淀派"的一个缩影。《荷花淀》富有诗情画意，抒情味尤浓，洋溢着浪漫主义气息和革命乐观精神，情节生动，语言清新、朴素，又富有节奏感，遂称之为广义的"诗体小说"。《荷花淀》的审美角度在语言，审美核心也在语言，而鉴赏语言的归宿，即价值取向则在品味诗意美。以语言为抓手，通过品味语言力求品出诗意。而诗意是一个多维度、多层次、多内涵的概念，它是多元建构的。诗意有哪些构成因子呢？小说的语言美有哪些表现呢？是字词妙用，形式新颖，手法奇妙，还是情深理哲，意境深邃呢？这些都要围绕核心问题的探究来逐步解决。

蜂采百花酿蜜甜。广泛而仔细地观看了全国优质课视频，又阅读了许多名师的课堂教学实录，还不断从网上搜集有关时代背景、作者手记、荷花淀派风格等内容，兼收并蓄，厚积薄发。为抓住一点，不及其余，为一课一得，我反复斟酌确定学习目标为一条：鉴赏语言，品味诗意美。此外，尚为教学设计写了题记和导语——

题记：鉴赏语言是该小说阅读的重点，品味诗意是阅读的更高要求。教学分为品读和探究两步。品读有三个层次：感知认读，学生一读小说，了解故事情节；情感诵读，学生再读小说，体味文章情思；思辨悟读，学生三读小说，探讨文章主旨。探究则围绕一个核心问题展开，即作者为什么回避描写本来硝烟弥漫、枪林弹雨、血肉横飞、惨烈悲凉的战争，却把小说写得富有人情美、人性美、诗意美？主要采用分组合作共探究的方法，以学生为主体，教师为主导，品读语言，体味诗情。

导语，特为七月溽暑的课设计，从赏花谈起循循善诱，酝酿清凉、平和、舒畅的氛围，并且单刀直入，奔向目标——

在这炎热的夏天，我带来一幅画，希望能为大家送来一丝清凉。你看：花瓣的纹理描绘得这么精细、细致，就像小说的细节描写；两朵荷花彼此呼应，荷叶水草交错纵横，正在沟通交谈，就像小说的对话描写；背后是一片薄薄的青雾，烘托荷花，提供背景，就像小说的景物描写。显而易见，绘画和写作是有异曲同工之妙的。这节课，我们大家一块儿学习孙犁的诗体小说《荷花淀》。

对于作者简介、时代背景、文体知识等并不急着按照教学常规循序投影，而是暂时搁置，蓄势待发。课前不跟学生见面，没有预习，学生甚至未读一遍课文，对学生的语文素养也不了解，这是执教原汁原味的本真课。时间紧，任务重，难度大。对小说文本，学生需要整体感知，了解小说概貌。同时要激发学生兴趣，帮助树立信心，导向语言的鉴赏、诗意的品味。因此，便通过让学生拟定小标题的形式引导他们浏览小说，把握情节。

师：同学们发言，精彩纷呈。现在把你们的精彩拟题梳理一下。（一）都是鬼子惹的祸，鬼子来了，爱你一万年，乱世佳人。（二）衣裳代表我的心，隐形的翅膀，藕断丝连。（三）谁说女子不如男，不爱红装爱武装，迎接它的有猎枪，铿锵玫瑰。这些小标题蕴含着诗味，十分可贵。也请记录好四字小标题（出示图片）——

（一）夫妻话别（开端）；（二）探夫遇敌（发展）；（三）助夫杀敌（高潮、结局）；尾段（尾声）……

引导学生不断找出、画出并鉴赏景物描写的语句，独思、讨论、展示。教师久隐在学生活动的幕后，决不越俎代庖，而是重在导读，穿针引线，劈路架桥。然而，教师该隐则隐，该显则显，当讲则讲，当纵则纵。瞻之在前，忽焉于后。学生是课堂的主人，教师绝不能喧宾夺主。哪怕风景再美，如果没有人的风景，就如同山没有水，人没有眼睛一样。课堂如果没有学生的主体活动风景，那就是平面沙漠、干涸鳞隙。接着要求学生朗读《荷花淀》1~3段，抓住自己最喜欢的词语谈谈感受。

生：我喜欢"凉爽、干净、湿润润、柔滑修长"，写出了环境的优美和苇眉子柔韧的特点；"跳跃"一词最有味儿，写出了水生嫂劳动技术的熟练，表现了劳动的快乐心情。

生："全淀的芦苇收割，垛起垛来，在白洋淀周围的广场上，就成了一条苇子的长城"，是暗喻。"苇子的长城"表现苇子很多，还暗含团结抗敌的意味。

生："她像坐在一片洁白的雪地上，也像坐在一片洁白的云彩上"，连用两个比喻，是博喻，以景衬人，情景交融，把景美、人美完美地统一起来写。

师：更衬托出了心灵美。你善于从字里行间找依据，读得细致。

生：我喜欢"银白世界""薄薄透明""新鲜的荷叶荷花香"，画面色调是银白、透明、清新的，感觉很唯美，充满诗情画意。

生："要问白洋淀有多少苇地，不知道；每年出多少苇子，也不知道。"写白洋淀物产丰富，采用"不知道""不知道"的连贯句式，用否定语气表达了更强烈的肯定语意，暗示数量之多。大家争着买："好席子，白洋淀席！"这句充满了喜悦和自豪。

师：为什么让别人来夸赞呢？

生（齐答）：金杯银杯，不如老百姓的口碑；金奖银奖，不如老百姓的夸奖。

上课伊始，学生还把握不住诗脉，品不出诗味。为启迪和加深学生对诗意内涵的理解，当讲则讲，相机点拨（出示图片）——

小说开头，把女人正在编席子这个劳动场面完全诗化了。写她"坐在一片洁白的雪地上"，"坐在一片洁白的云彩上"，白雪、白云通常给人以如在仙境里的纯洁澄澈的诗感。她"有时望望淀里"是因为她有心事，一边在劳动，一边在等丈夫回家。这心事，不是采用一般小说的叙事方式来表现，而是通过散文诗的笔法来描绘的，使读者欣赏到她完全诗化了的心灵世界，这就显得诗意盎然、回味无穷。

继续引导学生从人物、情节、主题三方面，谈谈景物描写的作用。启发他们戴着镣铐跳舞，也可以打破镣铐自由舞蹈，自主确定赏析角度。一人回答，众生补正。最后由学生们自主总结出写景的作用：提供人物活动的背景，渲染气氛，烘托人物形象，推动故事情节的发展，深化爱国主题。

生：皎洁的明月，干净的庭院；洁白的雪地，洁白的云彩；银白的世界，透明的薄雾；清爽的凉风，新鲜的荷香。环境氛围那么恬静明洁，如诗如画。

师：文章开篇富有诗情画意的景物描绘，将读者带入纯美的画卷中，进入一种圣洁的境界。

生：白洋淀这么美丽、富饶，决不能让鬼子破坏，男女老幼要同仇敌忾，奋勇杀敌，保家卫国。

师：有思想高度！正如《可爱的中国》所唱"若是那豺狼来了——"

生（齐唱）：迎接它的有——猎枪！

师：请读老师写的《纪念冯安邦将军》（出示图片，生齐读）——

国是我国家是家，岂容日寇来践踏！万里长城人做砖，飞血英魂壮中华。

师：矛盾的散文《风景谈》中有一句话："自然是伟大的，人类是伟大的，然而充满了崇高精神的人类的活动，乃是伟大中之尤其伟大者！"荷花淀景美人更美，美在人性、人情。

生：荷花淀人，精神和心灵最美。

景物描写还具有暗示性，蕴含着诗意。引导学生继续去阅读发现，去讨论交流。诗意氤氲，引人入胜。

师：大家朗读下文，讨论问题（出示图片）——

那一望无边挤得密密层层的大荷叶迎着阳光舒展开，就像铜墙铁壁一样。粉色荷花箭高高地挺出来，是监视白洋淀的哨兵吧。把"大荷叶"比喻成"铜墙铁壁"，暗示什么呢？

生："粉色"使人联想到女性，白洋淀的普通妇女。

生："哨兵"是战士，预示着白洋淀妇女们的成长方向。

生：苇荡里出现"哨兵"，暗示将展开一场激烈的战斗。

生：写荷叶，如铜墙铁壁，形象逼真；写荷花箭，如监视敌人的哨兵，斗志昂扬，寄托了作者强烈的爱国热情。这些都可以当作散文诗来读。

师：再看两段"水声描写"有什么心理暗示作用？"她们轻轻划着船，船两旁的水，哗，哗，哗。""这几个青年妇女咬紧牙，制止住心跳，摇橹的手并没有慌，水在两旁大声地哗哗，哗哗，哗哗哗！"

生：第一句节奏很慢，像段慢词，衬托出她们边划边聊、轻松悠闲的心情；第二句节奏很快，像句七绝，衬托出她们遇到鬼子后紧张、慌乱的心理。

生：第二句节奏，"哗哗，哗哗，哗哗哗！"越来越快，但并不慌乱，应该是一种紧张而又沉着的心态。

师：第一句中，音响富有节奏，缓慢而自然，使整个画面的诗情画意浑然一体。第二句中，音响节奏由缓慢而紧张，打破了整个画面的平淡冲和，注入了新的诗境，刚柔兼美。谁还有发现？请继续。

生：菱角被捞上来了，又被丢到水里去，把女人们找不到丈夫的落寞心情刻画得历历在目。菱角"又安安稳稳浮到水面上生长去了"，又引起人的联想：生长在淀里的菱角，即便换了地方，也照样会安安稳稳地生长；更何况生长在淀里的坚强百姓？这不也是寓意深邃、诗意浓郁的描写吗？

小说的语言美除了表现在景物描写上，还有一些对话描写、细节描写的语句，写得神态活现，惟妙惟肖。然后请学生欣赏对话描写，品味诗意。

要求同桌之间分角色朗读"夫妻话别"一场，找出自己最喜欢的话语，谈谈所表现的性格特征。引导学生赏析夫妻对话，走进人物心灵世界。指导分角色朗读要读出语气、感情，符合人物的身份、性格。

生："你有什么话嘱咐嘱咐我吧。"表现了依依不舍，对丈夫的——情。

师：有点儿含蓄。就是——

生（齐答）：真情、深情、爱情。

生：我喜欢水生父亲说的话："水生，你干的是光荣的事情，我不拦你，你放心走吧。大人孩子我给你照顾，什么也不要惦记。"他父亲虽然年纪大了，但是深明大义，积极支持儿子痛杀日寇。

生：真是老当益壮，同仇敌忾。飞瀑之下，必有深潭！

生："不要叫敌人汉奸捉活的。捉住了要和他们拼命。"对敌人恨得入骨，对亲人爱得入髓。夫妻之情忠贞不渝。

师（出示图片）：最后水生的三句嘱咐，对前两句，女人用了两个"嗯"字来答，言简意赅，再次表现了那复杂的心理，含不尽之意于言外。而对后一句嘱咐，女人是"流着泪答应了"。中国文化传统的夫妻之情，最忠贞，最淳朴，最经典。可杀不可辱，人格国格永不弃。这种刚毅与柔情，表现出抗战时期根据地妇女特有的时代风采。作者就是通过描述特殊环境里夫妻间的情感、志趣交流，重点发掘年轻妇女的心灵世界，热情讴歌高尚的情操，从而赋予小说一种内在诗意美。

言为心声，没有没有感情的语言，也没有没有语言的感情。语言的一枝一叶总关情。通过赏析语言可以把握人性、人情，走进人物的内心世界。

通过改写语段，对比阅读，可以褒贬分明，善恶昭然。采用分组探究方式，调动学生积极参与，自主发展，增强团队合作意识。要求学生结合故事情节、环境描写、对话描写等，概述水生嫂的性格特征，教师点拨。从写作手法入手品析语言，即从环境描写、对话描写、细节描写的语段切入，使活动都向语言聚拢，思维的车轮便润滑滚动起来。

　　师：凤凰还要乌鸦衬。把原文"夫妻话别"改为以下对话，效果如何？请大家两人一组，读析对话。要读出人物的身份、口吻、性格特征（出示图片）——

鉴赏语言，对比阅读。同桌之间分角色朗读，分析讨论该妇女性格。

　　女生："你走，我不拦你，咱们一块儿走。"
　　男生："我们是去打鬼子，你一个（老）娘们去干什么？不成。"
　　女生："哪咋不成，你打鬼子，我可以帮你洗衣服，做做饭……"
　　男生："不成，我不同意。队上也决不同意。"
　　女生："呜——不嘛！就不嘛！不然，咱俩离婚。"
　　生：我感觉她很像现在的某些女郎，嗲声嗲气，娇生惯养。
　　师：为什么把"娘们"读成了"老娘们"？
　　生：她不讲道理，不够开明。水生十分不满，厌恶嫌弃。
　　生：胡搅蛮缠，无理取闹。
　　生：娇里娇气，自私狭隘。

　　"塑造典型环境中的典型人物"是小说的中心任务。可是在《荷花淀》

中，作者似乎有意突破了规则，大大弱化了人物塑造的功能，不注重人物形象的丰富性和典型性，这就是人物形象的扁平化。当时，分角色朗读"五女探夫"对话后，做完人物性格配伍题，就有同学问："水生嫂和四个女人为什么都没有自己的姓名？"这问得很好，表明学生观察仔细，思考深刻。表扬她后，我欣慰答疑：人物形象的扁平化表现在人物姓名的缺失。小说想表现的是一个英雄群像，而非突出某一个人。她们是中国普通劳动妇女的代表，是中华民族的象征。此外，人物形象的扁平化还表现在小说文本没有外貌描写。缺乏外貌描写的水生嫂和其他妇女的形象均是模糊的、粗线条的。她们只是作者意念的载体，成为抽象化的符号，缺乏性格的独立性。

小说的语言美除了表现在景物描写、对话描写上，还有细节描写，细腻逼真，以小见大。请学生欣赏以下文字（出示图片）——

细节性语言，心理描写。

朗读下文，讨论该细节描写表现了人物怎样微妙复杂的心态。

当水生嫂听到丈夫说"明天我就到大部队上去了"，作者写道："女人的手指震动了一下，想是叫苇眉子划破了手。她把一个手指放在嘴里吮了一下。"

生：水生嫂紧张慌乱，对丈夫去大部队很不满，听到消息后十分震恐。

生：我觉得她说的人物精神状态不对。首先应该是积极的，她支持丈夫去大部队，顾全大局。

生：我觉得"吮"是一种掩饰。她担心丈夫发现自己紧张慌乱的情态，影响丈夫参军抗日的积极性，也担心丈夫发现后会误认为自己不够开明，不够坚强和镇定。

生：我觉得，这是对鬼子的痛恨和对丈夫的挚爱激烈碰撞的结果，也是对丈夫去留艰难抉择的心灵火花。这是多么纠结矛盾、微妙复杂的心情。（获得热烈的掌声）

师：比较一下，如果把文字改为（出示图片）——她听后丢下苇眉子，突然尖叫一声，像根弹簧似的跳了起来，仿佛手指被毒蛇咬了一口。她慌忙地狠狠地抓住水生的手，大声嚷："水生，你不——能——走！"性格怎样？

生（笑）：四肢发达，头脑简单。（众生笑）

生：浮躁、暴躁、自私自利。

生：成事不足，败事有余。简直就是一个摆摊的悍妇！

师：大家褒贬分明，思想活跃。在现实生活中真有这样个别的妇女，自私市侩，弄虚作假，但她只代表她自己，也穷得只剩下钱了（出示图片）——

"震动""吮"这一细节描写非常传神地把水生嫂的内心矛盾表现了出来。深爱丈夫，不忍离别，但又能努力克制激烈情绪。她开始毫无思想准备，紧张慌乱，忙通过动作加以掩饰，镇定下来。可见她是识大体、明事理、有觉悟的农村妇女，不能让丈夫说自己软弱、落后、拖后腿。

《荷花淀》凭"诗化"语言创造了独特的美感，散发着真正的艺术魅力。而伦理情趣也造就了小说《荷花淀》的"诗化"特色。在文艺价值观上，孙犁继承了古代缘情派的文学倾向，强调家庭、家族中的"亲亲""仁仁"，"重伦理，讲情趣"，小说重写人，不注重写事。写人时，又以写人与人之间的人情美、特定伦理范畴中的人性美为主，把人的感情发展到了诗化的境地。

《荷花淀》的创作目的在于表现人性美、人情美，而战争只不过是作者描述人物、表现主旨的一个素材、一个背景。有研究者曾说："按照惯常的研究眼光，我们得承认，《荷花淀》是一篇战争题材的小说，然而就小说的整个艺术运思与话语操作来看，这又是一篇完全被非战争化了的战争小说。"它"有意识地避免正面展开波澜壮阔、惊心动魄的战争画卷，对交织着生与死搏斗的严酷战斗过程不作直接描写，而是采取将战争的血腥场面诗化和虚化的方式，着重表现人物丰富曲折的心理世界和情感世界"。为了深入探究这个学科问题，特设置了"思辨悟读"环节，让学生思考讨论，并顺势而为，放幻灯片，让学生了解"作家作品、时代背景、流派风格"等知识。

生：她们把船摇进荷花淀，看见"几只野鸭扑楞楞飞起，尖声惊叫，掠着水面飞走了"；听见"在她们的耳边响起一排枪"。作者通过人物的视觉和听觉来描写，有人物的切身感受和体验，具有散文诗的笔调。

师：通过人物的感受和体验来描写，常常是诗歌的写法，把它用在小说里就别具一格，渲染和加强了小说的感情色彩，充分体现了孙犁小说的诗化风格。

生："翻身""扒""露"一些动词表现了妇女们的灵活；"那肥大的荷叶下面，有一个人的脸，下半截身子长在水里。荷花变成人了?"更是巧妙地写出遭受惊吓后的妇女们愉悦而俏皮的心理，充满了浪漫诗意。

师："长"字，赋予人植物的特性，人花一体，画面和谐，用了什么修辞？

生：拟物。

生：在一场紧张的战斗中，妇女们却在东张西望，寻找着自己的丈夫。这不是把一场战斗整个诗化了吗？与其说是在写战斗的紧张、激烈，不如说是在写这群妇女由惊吓转为喜悦、由紧张转为轻松愉快的心情。

师：由惊到喜，由张到弛，这种乐观、浪漫精神也造就了《荷花淀》的"诗化"特色（出示图片）——

茅盾说："孙犁的创作有一贯的风格，他的散文富于抒情味，他的小说好像不讲究篇章结构，然而决不枝蔓；他是用谈笑从容的态度来描摹风云变幻的，好处在于虽多风趣而不落轻佻。"荷花淀派作品一般都充满浪漫主义气息和乐观精神，语言清新朴素，富有节奏感，描写逼真，心理刻画细腻，抒情味浓，富有诗情画意，有"诗体小说"之称。

小说的主题不在表现战争的残酷，而在表现解放区普通劳动妇女成长为革命战士的历程，这样处理也是为了让人们发现生活中的美。美的东西面临危险时，更容易激发人们保护它的欲望，夫妻情深、儿女情长和誓死捍卫、慷慨赴死之间并不矛盾。通过描写这些善良、纯真的人们，在战争环境中表现出的人性光辉，来表现人民不畏强暴，保卫家园的精神。有国才有家，有对亲人的深情才有对国家的忠诚。

小说之美是多方面、多角度、多层次的，美不胜收，美得醉人。仿佛一桌丰盛的午餐，五香十色；仿佛一篮闪着露珠的冬枣，清脆甜蜜。而这节课的学习重点是鉴赏语言，品味诗意美。探究本文的诗化特征表现在语言、人物、主题诸方面，是"外生态"和"内宇宙"的和谐体现；而语言美表现于景物描写、对话描写、细节描写的语句。试把诗意分为内在诗意（无形诗意）和外在诗意（有形诗意），前者则包括主题思想、人性美、人情美、乐观精神、伦理情趣等；后者则包括对话描写、景物描写、细节描写的语句，散文化语言、妇女形象等。读诗结课，并鼓励学生：人，要诗意地栖居在大地上。伺机用红绿黄粉笔，粗线条地对板书一勾连，重点词、红荷瓣、碧荷叶，一朵芙蓉出清水，照亮黑板。花样板书，形象美观，又高度概括。评委和一些听课老师，拍照板书，索要课件，并纷纷鼓励我。读写联姻，提请学生课下任选小说中一个人物写一首小诗，并阅读《铁木前传》或《风云初记》等，拓展交流。

一言以蔽之，语言为花诗为蕊，拨开语瓣赏诗蕊。但俱往矣，路在脚下。2012年12月，我反思这次和以往教学实践的得失、顺逆、甘苦等，汲取先贤名师智慧，为学校撰写了二十四字《语文学科宣言》：培养读写双馨的终身学习者，培养诗意生活的创新实践者。

（蒋文学　特级教师）